Um Sonho Apenas/One Dream Only (Livro bilíngue: Português - Inglês)

Elodie Nowodazkij

• • • •

Traduzido por Hamíreths Costa

• • • •

DUO BILINGUE

DUO BILINGUE

Está aprendendo inglês? Are you learning Portuguese?

This book can help you with that: one page in English, one page in Portuguese...

Este livro pode te ajudar: uma página em inglês e outra em português...

She thought she was on her way to the top...

Sixteen-year-old Natalya Pushkaya has one dream and one dream only: becoming the best ballerina ever.

Dancing's always been who she is and she's working her hardest to land the main role of the School of Performing Arts' end-of-the-year showcase.

But...will she make it?

Within a week, Natalya's life will be changed forever.

Ela achava que estava a caminho do topo...

Natalya Pushkaya, de 17 anos, tem um sonho apenas: se tornar a melhor bailarina do mundo. Dançar sempre foi quem ela é, e ela está trabalhando duro para conseguir o papel principal no show de final de ano da Escola de Artes Cênicas. Mas ela vai conseguir?

Em uma semana, a vida de Natalya vai mudar para sempre.

March 21st, 6 p.m.

BLOOD.

The blood is everywhere. On the snow. On my hands. Dripping down my left eyebrow. In my mouth. The metallic taste is on my tongue, overwhelming and overpowering. Stabbing pain shoots through my neck right to my head, and my body is numb from the cold. I shiver without being able to control it. Snow flurries fall steadily on my face, wetting my lips. My throat burns as if I spent hours screaming or crying. The shadows of the trees close in on me.

My breathing accelerates.

How did I wind up here? I close my eyes but I get dizzy, as if I turned in a fast pirouette without having a steady point to anchor me. I open my eyes again, my brain searching for answers, but the memory takes too long to come to me.

Oh.

21 de março, 18:00

SANGUE.

Tem sangue por toda parte. Sobre a neve, nas minhas mãos, escorrendo da minha sobrancelha esquerda, na minha boca. Sinto o gosto metálico na língua, muito forte e avassalador. Uma dor aguda sobe do meu pescoço à cabeça, e meu corpo está paralisado de frio. Tremo descontroladamente. Flocos de neve caem sem parar sobre meu rosto, umedecendo meus lábios. Minha garganta arde como se eu tivesse passado horas gritando ou chorando. As sombras das árvores aproximam-se de mim.

Minha respiração acelera.

Como vim parar aqui? Fecho os olhos, mas fico tonta, como se tivesse girado em pirueta bem rápido sem ter um ponto fixo para me ancorar. Abro os olhos novamente, minha mente está procurando por respostas, mas a memória demora muito para se formar.

Oh.

Papa and I were on the way to the airport.

That's right. I hadn't wanted to leave the house while Papa looked so sad, so lost. I hadn't wanted to go back to school in New York. So what if the School of Performing Arts where I have been a student for the past two years has a very strict attendance policy?

But despite my protests, he'd simply looked at me with a frown I'd never seen on him before and insisted I get my suitcase. He'd said that my staying in Maine with him and Mama wouldn't help them sort out their issues.

Snow and ice covered most of the little road we took to the interstate. Papa tuned in to NPR, probably hoping this would quiet me.

The car slid once, but Papa straightened it without much of a problem. Then it slid a second time, only slightly, and he muttered under his breath in Russian. I waited a few seconds and then pressed him, asking more questions he didn't want to answer.

I changed the radio station, knowing full well that it would get a rise out of him. His favorite show was about to come on and Papa's rules were clear: never touch the radio if his favorite show was on or if he was listening to Chopin.

The memories get blurry. There was a truck and then loud honking, tires screeching and Papa yelling for me to hold on tight.

Papa.

Papai e eu estávamos a caminho do aeroporto.

É isso. Não queria ter deixado a casa enquanto papai parecesse tão triste e perdido. Não queria voltar para a escola em Nova Iorque. E daí se a Escola de Artes Cênicas, onde tenho estudado nos últimos dois anos, tem uma política de frequência estrita?

Mas, apesar dos meus protestos, ele simplesmente me olhou com um franzido que nunca vi antes e insistiu que eu pegasse minha mala. Disse que minha estadia no Maine com ele e mamãe não os ajudaria a resolver seus problemas.

Neve e gelo cobria toda a rodovia que pegamos em direção à interestadual. Papai ligou a rádio NPR, provavelmente na esperança de que isso me calasse. O carro deslizou uma vez, mas papai o colocou em linha reta sem muita dificuldade. Então, o carro deslizou uma segunda vez, só de leve, e papai murmurou baixinho em russo. Esperei um pouco e então o pressionei, fazendo perguntas que ele não queria responder. Mudei a estação de rádio sabendo muito bem que isso o irritaria. Seu programa favorito estava prestes a começar e as regras de papai eram claras: nunca encoste o dedo no rádio quando seu programa estiver no ar ou se ele estivesse ouvindo Chopin.

Minhas memórias ficam embaçadas. Tinha um caminhão e depois uma buzina bem alta, pneus cantando e papai gritando para eu segurar forte.

Papai.

My breath catches in my throat. Why hasn't Papa said anything yet? I turn my head, wincing at the pain, but I have to see. I have to make sure he's okay.

"Papa?" I call out, fighting against the dizziness taking over me. My heart skips a beat. I can't move anything. I can't move my legs.

I need to move my legs.

My arm's stuck, and pain radiates all over my body. I breathe in shuddering gasps, and my eyes dance frantically over the wreckage, trying to see where Papa is. There's only broken glass, the debris of our gray Honda, snow, and blood.

He probably went to get help. I can almost hear him with a laugh in his voice, telling me, *Everything will be fine, Natoushka. You worry too much.* But why would he leave me alone like this? He'd never leave me alone. My heart pounds fast and loud.

"Papoushka?" I call again, but my voice is thin.

Nothing.

Dread grips me, and I slowly turn my head to the other side and gasp. Papa.

His body's contorted; his leg is sprawled at an unnatural angle and his arm is curled over his head. He's knocked out, but his bright-blue eyes—so similar to mine—are wide open.

Perco meu fôlego. Por que papai ainda não falou nada? Viro-me, estremecendo por causa da dor, mas preciso ver, preciso me certificar de que ele está bem.

– Papai? – chamo, lutando contra a tontura que me tomava conta. Meu coração acelera, não consigo mover nada, não consigo mexer minhas *pernas*.

Preciso movê-las.

Meu braço está preso e uma dor toma conta de todo meu corpo. Respiro em arfadas trêmulas e meus olhos dançam freneticamente sobre os destroços, tentando ver onde papai está. Só há vidro quebrado, os detritos do nosso Honda cinza, neve e sangue.

Ele provavelmente foi buscar ajuda, posso quase ouvi-lo com uma risada na voz, me dizendo que "Vai tudo ficar bem, Natoushka, você se preocupa demais." Mas por que ele me deixaria aqui sozinha desse jeito? Ele nunca me abandonaria. Meu coração bate mais alto, forte.

– Papoushka? – chamo novamente, mas minha voz está fraca.

Nada.

Tomada pelo pavor, lentamente viro minha cabeça para o outro lado e suspiro. Papai.

Seu corpo está todo contorcido, suas pernas estão jogadas de uma forma não natural e seu braço está envolto em sua cabeça. Está apagado, mas seus brilhantes olhos azuis, tão parecidos com os meus, estão abertos.

"Papoushka," I whisper, but he doesn't move. "Papoushka!" My voice cracks. Someone will come and help us. Someone will find us. Someone will make sure we're okay.

I clench my teeth, and inch by painful inch, I slide my body closer to him. My hand touches his and I interlink our fingers.

His skin is warm. He's fine. He has to be.

"You're okay, Papoushka. You're okay," I say as if in a trance. "You're okay," I repeat until everything blurs around me.

Until the pain's so strong that it engulfs me.

And I close my eyes.

– Papoushka – suspiro, mas ele não se mexe. – Papoushka! – minha voz falha. Alguém virá nos ajudar. Alguém vai nos encontrar, alguém vai se certificar de que estamos bem.

Cerro meus dentes e, pouco a pouco, com bastante dor, deslizo meu corpo para mais perto dele. Toco minha mão na dele e entrelaço nossos dedos.

Sua pele está quente, ele está bem, tem que estar.

– Você está bem, papoushka, você está bem – digo, como se em transe. – Você está bem – repito até que tudo em minha volta começa a perder o foco.

Até que a dor é tão forte que toma conta de mim.

Fecho meus olhos.

March 17th, 7 p.m.

THERE'S a buzz in the canteen at dinner. Almost everyone's talking about the audition, and the few students who are not talking about the audition either laugh too loudly or look way too pale. Emilia's doing her best to ignore our friend Nick. He runs his hand through his dark cropped hair, his strong arms flexing as he does so. I don't have time for boys, and I know he's got a crush on Emilia, but I can't deny he's hot. When he asks if she wants to go over the choreography with him again, she can't say no.

She turns to me. "You're coming, too?"

"I want to call my parents tonight and you know my rules."

"You want to visualize all the movements the evening before and do one last rehearsal in the morning."

"Yep. You and Nick should go. I'll see you in our room later."

17 de março, 19:00

Há um alvoroço na cantina durante o jantar. Quase todo mundo está falando sobre a audição do balé, e os poucos que não falavam sobre isso ou riam muito alto ou tinham a feição bastante pálida.

Emília está fazendo o seu melhor para ignorar nosso amigo Nick, ele passa os dedos sobre seu cabelo negro e aparado, seus braços musculosos flexionam quando o faz. Não tenho tempo para garotos e sei que ele tem uma queda pela Emília, mas não posso negar que ele é atraente. Quando ele pergunta se ela quer repassar a coreografia com ele outra vez, ela não consegue dizer não.

Ela se vira para mim:

— Você vem, também?

— Quero ligar para meus pais hoje à noite e você conhece minhas regras.

— Você quer visualizar todos os movimentos na noite anterior à audição e fazer um último ensaio pela manhã.

— Sim. Você e Nick deveriam ir, te vejo no alojamento mais tarde.

Nick smiles my way as if I just named him the best dancer in the world, but I shrug. Even though I want those two to figure a way to be happy together, I really cannot derail from my routine. I'm a tad OCD when it comes to the evening before a big audition: I always call my parents, listen to the music, visualize myself dancing all the movements perfectly, and put a picture of Mama at the height of her career under my pillow.

She doesn't know that.

No one knows that.

I'm not sure if I think she'll transfer her talent to me that way, but it reassures me.

I finish my cup of water, put up my tray in the right corner as always and head back to my room to start with my ritual.

• • • •

NICK SOLTA UM SORRISO em minha direção, como se eu o tivesse nomeado o melhor dançarino do mundo, mas dou de ombros. Embora eu queira que aqueles dois deem um jeito de serem felizes juntos, não posso sair da minha rotina. Sou um pouco neurótica em se tratando da noite que antecede uma grande audição: sempre telefono para meus pais, ouço música, me visualizo fazendo todos os movimentos com perfeição e coloco uma foto da minha mãe no ápice da sua carreira debaixo do meu travesseiro.

Ela não sabe disso.

Ninguém sabe.

Não estou certa se penso que ela irá transferir seu talento para mim dessa forma, mas isso me tranquiliza.

Termino meu copo de água, coloco minha bandeja no canto e vou para o meu quarto para dar início ao meu ritual.

• • • •

"HI, PAPA," I SMILE.

"Hi, Natoushka. You ready for tomorrow?" he asks, but there's something in his voice. It's not his usual happy one. He hasn't sounded happy for a few weeks now.

"Yep, definitely ready." I try to sound as cheerful as possible. "If I get it, I think it's really going to start my career. And I feel like I am Aurora. I feel like I own the part."

"That's good, sweetie."

"I think I feel the same as when you were onstage playing Chopin. You told me once how you got so lost in the music, you didn't know where it began and where you ended. It's like that for me."

"It is a wonderful feeling. A scary one, too," my father replies. "But you always need to find yourself again," he adds after a short pause.

"I know, Papa. But when I dance . . ."

"When you dance, you feel whole and complete. But remember what I always say . . ."

– Olá, paizinho, – sorrio.

– Olá, Natoushka. Pronta para amanhã? – ele pergunta, mas tem algo em sua voz. Não é sua voz alegre como de costume. Ele não parece feliz já faz algumas semanas.

– Sim, com certeza, muito pronta – tento parecer o mais animada possível. – Se eu conseguir, acho que isso vai impulsionar minha carreira. Sinto como se eu fosse a Aurora, sinto como se eu fosse dona do papel.

– Isso é ótimo, querida.

– Acho que me sinto da mesma forma que sentia quando te via no palco tocando Chopin. Uma vez você me contou o quanto se perdia na música, não sabia onde ela começava e você acabava. É assim comigo.

– É um sentimento muito bom, assustador também – responde meu pai. – Mas você tem que sempre se encontrar de novo – acrescenta depois de uma pequena pausa.

– Eu sei, paizinho, mas quando começo a dançar...

– Quando você dança, você se sente realizada e completa. Mas lembre-se do que sempre digo...

"There's more to me than dancing," I say. He sounds a bit more normal now. He never fails to remind

me that, to him, I'm more than a ballerina and that I should be more than that to me, too. Maybe one day.

"Are you sure you want to come this weekend? The weather isn't supposed to be that great."

"Of course, I'm sure. We've been planning it for months!"

"I don't want you to get stranded in Maine while you're supposed to be back at school on Monday. That's all. I have to go. I love you, Natoushka. Think about what I said." He pauses, and before I can reply, my mother's voice comes through the phone.

"Natoushka," she says, and the little nickname she only uses rarely tugs at my heart. Maybe this weekend, we'll reconnect. I haven't seen my parents in two months and our phone calls are more sporadic than even before. I spend too much time rehearsing, too much time in the zone. They spend too much time pretending everything's okay "I danced Aurora, too, you know," she continues. "It's a difficult part, much more difficult that what it seems at first. I was her." She pauses. "And now, now I'm nothing."

"You're not nothing, Mama. Everyone remembers you as Aurora and as Maleficent. If I only dance half as good at you, I'll be amazing."

– Tem algo maior em mim do que somente a dança – completo. Ele parece estar mais normal agora. Ele nunca falha em me lembrar que, para ele, sou mais que uma bailarina, e que eu deveria ser mais que isso para mim, também. Um dia, talvez.

– Tem certeza que quer vir esse final de semana? O tempo não vai estar muito bom.

– Claro, tenho certeza. Estamos planejando há meses!

– Não quero que fique presa em Maine quando deveria estar de volta à escola na segunda-feira. Isso é tudo. Preciso ir. Eu te amo, Natoushka, e pense no que eu disse – ele para e, antes que eu possa replicar, ouço a voz da minha mãe no telefone.

– Natoushka – ela diz, o apelido que ela raramente usa aperta meu coração. Talvez nesse final de semana voltemos a nos conectar. Não vejo meus pais já faz dois meses e nossos telefonemas são mais esporádicos do que nunca. Passo muito tempo ensaiando, muito tempo na zona, e eles passam muito tempo fingindo que está tudo bem. – Dancei Aurora também, sabe? – ela continua. – É um papel muito difícil, muito mais difícil do que parece no começo. Eu era ela – ela para –, e agora, agora não sou nada.

– Você não é "nada", mãezinha. Todos se lembram de você como Aurora e Maléfica. Se ao menos eu dançar metade do que você dançou, serei maravilhosa.

"Only reach for the best. You need to be even better than me, Natalya. Otherwise, why work so hard? Why break everything? Why lose everything?" She sounds sad. Way too sad.

"I know, Mama. I'll reach for the stars. I'll see you this weekend. Are you okay?" I hear her sniffle.

"I'm fine. It's just a cold," she says.

"You're still picking me up tomorrow at the airport with Papa?" I ask. She promised last time she would be there.

"Sure," she replies.

I want to believe her.

– Sempre busque o melhor. Você precisa ser melhor que eu, Natalya. Caso contrário, por que dar tanto duro? Por que se quebrar inteira? Por que perder tudo? – ela parece triste, muito triste.

– Eu sei, mãezinha. Vou alcançar as estrelas. Vejo você nesse final de semana. A senhora está bem? – a ouço fungar.

– Estou bem, é só um resfriado – diz.

– A senhora e papai ainda vão me pegar amanhã no aeroporto? – pergunto. Na última vez, ela prometeu que estaria lá.

– Claro – afirma.

Quero muito acreditar.

March 22nd, 4 p.m.

"SHE SHOULD be awake soon," a muffled voice says. It's close to me but oh so far away. My mouth feels like cotton, and everything hurts—my head, my arms, and my legs.

My legs. There was an accident. The truck. Our car against the tree.

Papa.

Papoushka.

My breathing stops. I was holding his hand in the snow. He wasn't answering, but he must be fine. He's probably talking to the doctors outside. My eyes flutter open. Everything's out of focus, and it takes me a few seconds to distinguish anything. The room seems to be entirely white, and there's an overwhelming smell of Clorox, as if someone dropped an entire bottle and forgot to air out the room.

22 de Março, 16:00

– ELA DEVE acordar em breve – uma voz diz, próxima a mim, mas tão longe. Minha boca parece algodão e tudo dói, minha cabeça, meus braços e minhas pernas.

Minha perna. Houve um acidente. O caminhão. Nosso carro contra a árvore.

Papai.

Papoushka.

Minha respiração para. Eu estava segurando a mão dele na neve, ele não me respondia, mas deve estar bem. Provavelmente está conversando com os médicos lá fora. Abro meus olhos, vejo tudo desfocado e levo um tempo para distinguir tudo. A sala parece ser toda branca e tem um cheiro muito forte de cloro, como se alguém tivesse derramado uma garrafa na sala inteira e esquecido de arejar.

A few people stand around: Mama, my uncle Yuri, and doctors and nurses clothed in scrubs and white coats.

But I don't see Papa.

"There she is," my uncle says as he carefully caresses my forehead. "Natalya." He sounds sad. Too sad. Tears well in his blue eyes, so similar to my father's that for a second I almost see Papa looking at me.

I try to sit up but wince at the pain. Yuri makes a tutting sound that I think is meant to comfort me. He turns to Mama, who's leaning against the wall, not looking my way—not looking at anything. She crumbles to the floor, her long blond hair hiding her face, but it can't conceal the shakes that rack her body.

"Mama," I call to her, but she buries her head in her knees.

"We killed him," she whispers, and I stare at her, not understanding, not wanting to understand.

"Papoushka?" I ask, and I close my eyes.

This is a nightmare and I want it to end.

Consigo ver algumas pessoas em volta: minha mãe, meu tio Yuri e os médicos e enfermeiras, todos usando jaleco.

Mas não vejo papai.

– Aí está ela – diz meu tio enquanto acaricia minha testa com cuidado. – Natalya – ele parece triste, muito triste. Lágrimas se formam em seus olhos azuis, tão parecidos com os de meu pai que, por um segundo, era como se ele estivesse me olhando.

Tento me sentar, mas me encolho de dor. Yuri solta um som de reprovação que acho que é para me confortar. Ele vira para minha mãe, que está encostada na parede, sem olhar para mim, sem olhar para *nada*. Ela desmorona no chão, seus cabelos loiros e longos escondendo todo seu rosto, mas sem esconder o tremor que toma conta de seu corpo.

– Mãe – chamo, mas ela enterra sua cabeça entre os joelhos.

– Nós o matamos – sussurra, e eu a fito sem entender, sem *querer* entender nada.

– Papoushka? – pergunto e fecho os olhos.

Isso é um pesadelo e eu quero que acabe logo.

March 18th, 10 a.m.

THE SCHOOL OF PERFORMING ARTS in New York City is the best foot in the door to Juilliard, to the American Ballet Company, to ballet companies around the world. And the end-of-the-year showcase is a way to get spotted, recruited, to make an imprint on the dancing world. If I manage to get the main role as a junior, I'll be making history. Only seniors get it, but everyone's allowed to try out.

And everyone does try out.

I'm the first one on the long list of hopefuls waiting to prove to the school I have what it takes to make it to the top. In one hour, I need to present myself to the stage, side A. And all I can think about is how Mama sounded yesterday on the phone. How Papa told me I shouldn't come home this weekend.

18 de Março, 10:00

A ESCOLA DE ARTES CÊNICAS em Nova Iorque é o melhor caminho para poder entrar em Juilliard, na Companhia de Balé Americana e companhias de balé no mundo inteiro. E o show de final de ano é a melhor forma de chamar atenção, ser recrutada e deixar uma impressão no mundo da dança. Se eu conseguir o papel principal mesmo ainda estando no segundo ano, vou fazer história. Somente alunos do último ano conseguem, mas todos podem participar e tentar.

E todo mundo tenta.

Sou a primeira desta lista enorme de esperançosos à espera de provar para a escola que temos o que é necessário para chegar ao topo. Em uma hora, preciso me apresentar no palco, lado A. E tudo que consigo pensar é em como minha mãe soou ontem ao telefone, em como meu pai me disse que eu não deveria visitar esse final de semana.

Maybe, if I called them now. Maybe I could ask Mama how she always managed to own the room as soon as she stepped onto a stage, how she made the character's emotions so clear in her movements. Maybe she'll finally tell me that she's proud of me.

Papa says it all the time. He says that as long I try my best, he's proud of me, that it doesn't matter if I'm a prima assoluta or if I decide to quit dancing: *As long as you try your best, as long as you don't give up just because you think it's too hard, as long as you do what makes you happy, I'm proud of you, Natoushka.*

I have no idea what Mama thinks about my career. Sure, she smiles when she sees me on stage. Sure, she pushes me. She always reminds me to do my stretching exercises. She always reminds me to stand straight, not because it is proper but because, It's not ballerina-like to slouch. It's also not "ballerina-like" to cry because your feet bleed or because you've twisted your knee more times than you can count.

It's not like I've heard any of her advice lately.

Talvez, se eu telefonar para eles agora, eu posso perguntar à minha mãe como ela conseguia dominar o ambiente assim que subia no palco, como ela fazia com que as emoções da personagem fossem tão claras em seus movimentos. Talvez, quem sabe, ela finalmente me dirá o quanto está orgulhosa de mim.

Papai fala isso o tempo todo. Ele diz que, contanto que eu dê o meu melhor, ele sente orgulho de mim, não importa se eu sou uma *prima assoluta* ou se decida largar a dança: *"Contanto que tente o seu melhor, contanto que não desista só porque você pensa que é muito difícil, contanto que você faça o que te faz feliz, terei orgulho de você, Natoushka."*

Não faço ideia o que minha mãe acha da minha carreira. Com certeza ela sorri quando me vê no palco, me incentiva. Ela sempre me lembra de fazer meus exercícios de alongamento. Ela sempre me lembra de ficar com a compostura ereta, não porque é o certo, mas porque *uma bailarina nunca deve ser desleixada*. Também "uma bailarina nunca" deve chorar porque seus pés sangram ou porque torceu o tornozelo mais vezes do que pode contar.

De qualquer forma, não é como se ultimamente ela tivesse me dado conselhos.

I grind my teeth, stand up, and extend my hands to the floor. I should be stretching, getting ready, definitely not worrying about my parents. There's only one way for me to forget about them, about the drama waiting for me at home: dancing.

I turn up the music and continue stretching, but I can't clear my head. In one of the latest issues of Dance Magazine, several dancers explained what it was like to dance Aurora. Jenifer Ringer—New York City Ballet principal dancer—told Dance Magazine that "the magic of the fairy tale" was the most important thing, that the show should transport people to another place. I need to go to that magical place myself. I need to believe it so it's easier for others to believe me. Irina Kolpakova from Kirov Ballet said to listen to the music, that it says everything.

I bow my head to my knee, extend my arm over my head, inhale, exhale deeply, close my eyes, and listen to the rhythm, to the story. I try to forget about the pain in my right knee; I've twisted it a few times and it's always a bit painful. But nothing can stop me.

Cerro meus dentes, me levanto e levo minhas mãos ao chão. Deveria estar me alongando e me preparando, e definitivamente não me preocupando com meus pais. Só tem uma forma de esquecer deles, dos dramas que me esperam em casa: dançar.

Aumento a música e continuo me alongando, mas não consigo parar de pensar. Na última edição da *Dance Magazine*, muitos dançarinos explicaram como era dançar Aurora. Jenifer Ringer, principal dançarina de balé da cidade de Nova Iorque, disse à *Dance Magazine* que "a mágica do conto de fadas" era a coisa mais importante, que o show deveria transportar as pessoas para outro lugar. Preciso ir para esse lugar mágico. *Eu* preciso acreditar nisso para que seja mais fácil os outros acreditarem em mim. Irina Kolpakova, do Kirov Ballet, disse para escutar a música, pois ela, a música, diz tudo.

Abaixo minha cabeça na altura do joelho, levanto meus braços sobre minha cabeça, respiro, fecho meus olhos e ouço o ritmo, escuto a história. Tento esquecer a dor no meu joelho direito, que torci algumas vezes e está sempre dolorido, mas nada pode me deter.

The music envelops me, resonates within me. Aurora goes through so many stages of her life in the ballet. I can be as excited as she is, discovering love, discovering what she wants to live for. And then, there is the sadness, the sorrow of being bound without even knowing it before she becomes free again. The audition comprises a few minutes of the Rose Adagio, when Aurora meets her suitors for the first time, followed by a few minutes of Aurora dancing more slowly, more languidly as she falls under the sleeping spell cast upon by Maleficent.

I do one last stretch, my arms above my head, leaning as far as I can to the right and then to the left, and I take a deep breath. It's time to go through the choreography.

I stand up, and my legs take over. Forgotten are the hours spent rehearsing, the arguments with Mama, the fleeting thought that my knee could give up on me, leaving me without hope and dreams, and I *become* Aurora. It's as if I have been her all along and these steps are mine.

A música toma conta de mim, ressoa dentro de mim. Aurora passa por tantas etapas na vida dela no balé. Consigo ser tão animada quanto ela, descobrindo o amor, do que ela quer viver. E então, tem a tristeza, o sofrimento de estar presa sem ao menos se dar conta disso, antes de se tornar livre novamente. A audição abrange uns minutos da *Rose Adagio*, quando Aurora encontra seus pretendentes pela primeira vez, seguida de mais uns minutos de Aurora dançando mais lentamente, mais suavemente, enquanto ela cai sob o feitiço do sono lançado por Maléfica.

Faço um último alongamento, meus braços acima da minha cabeça, inclinando-me o quanto consigo para a direita e esquerda, respirando fundo. Chegou a hora de fazer a coreografia.

Levanto, e minhas pernas assumem. Esquecidas estão as horas que passei ensaiando, as discussões com minha mãe, o pensamento fugaz que meu joelho pode não aguentar, me deixando sem sonhos e sem esperança, e eu me *torno* Aurora. É como se eu sempre tivesse sido ela, e esses passos me pertecessem.

The music is joyous and happy images flash in my mind: the day my parents gave me the necklace I'd been eying for weeks, the one with the cute ballet-shoe pendant; the day Becca taught me how to swim and how free I felt in the water; the time my babushka sat me down and told me a bunch of fairy tales, including one about a little girl who would grow up to be loved, happy, and the best ballerina ever, but most importantly, that she would always be cherished by her grandmother.

My grin spreads, and my movements become light as air.

At the end of the music, I stay in the *arabesque penché,* keeping the energy building inside me. And then I start again, focusing only on a few movements, the ones I know the judges will dissect. My reflection shows me that my figure is okay, that my thighs aren't too big. I can't stop myself from enjoying a few treats, but my usual meals include salad, fish, and sometimes a bit of chicken. I only let go when I'm out in a nice restaurant with my uncle Yuri.

A música é alegre e imagens felizes aparecem como um *flash* em minha mente: o dia que meus pais me deram um colar que estive namorando por semanas, aquele com um pingente fofo de sapatilha de balé; o dia que Becca me ensinou a nadar e o quão livre me senti na água; a vez que *babushka* me contou um monte de histórias sobre contos de fadas, incluindo uma sobre uma garotinha que ia crescer e ser amada, feliz e a melhor bailarina do mundo, mas, o mais importante, ela sempre seria querida por sua avó.

Meu sorriso aumenta e meus movimentos se tornam leves como o ar.

Ao fim da música, fico em posição *arabesque penché*, mantendo a energia que se construía dentro de mim. Então, começo outra vez, focando apenas em alguns movimentos, os movimentos que sei que os juízes irão dissecar. Meu reflexo me mostra que minha figura está correta, que minhas coxas não são muito grandes. Não consigo me controlar e não comer algumas guloseimas, mas minha alimentação normalmente inclui salada, peixe e às vezes um pouco de frango. Só libero um pouco quando estou num bom restaurante com tio Yuri.

One of the girls had to leave the school because she'd gained too much weight. Another had to leave because she barely could dance anymore, too weak from an eating disorder. No one said anything to her. Not one single teacher asked her what was wrong, despite being known as the "single apple eater," despite the fact that everyone still talks about Heidi Noelle Guenther, the twenty-two-year-old member of the corps de ballet, who collapsed and died on a family trip to Disneyland a few years back.

I take a deep breath, trying to regain focus. I change position and work on perfecting my arabesque penché, trying to reach the 180-degree line from working foot to standing foot.

Svetlana—my favorite dance instructor and a former colleague of Mama's—enters the room as I complete the final stretch to my arabesque. Her lips turn up in a bright smile.

"You look so much like your mom," she says. "With your hair half-down like that and passion showing in your every movement. Everyone can tell you're the daughter of the great Katya Pushkaya." She sighs and clasps her hands together. "She was really amazing."

"Thank you," I reply, shaking out my muscles.

Uma das garotas teve que deixar a escola porque ganhou bastante peso, outra teve que sair porque mal conseguia mais dançar, muito fraca devido a um distúrbio alimentar. Ninguém disse nada para ela, nenhum professor a questionou sobre o que estava acontecendo, apesar de ser de conhecimento geral que ela "só comia uma maça", apesar de todo mundo ainda falar sobre Heidi Noelle Guenther, a garota de 22 anos de idade, membro do *corps de ballet*, que desmaiou e faleceu durante uma viagem de família à Disneylândia alguns anos atrás.

Respiro fundo novamente, tentando recuperar meu foco. Mudo de posição e trabalho em aperfeiçoar meu *arabesque penché*, tentando alcançar uma linha em 180 graus ao trabalhar pé a pé.

Svetlana, minha instrutora de dança preferida e uma ex-colega de mamãe, entra na sala enquanto completo o trecho final do meu *arabesque*, e seus lábios formam um sorriso grande e luminoso.

– Você se parece tanto com sua mãe – diz – com seu cabelo quase solto assim e a paixão que você demonstra em cada movimento. Todos podem dizer que você é a filha da grande Katya Pushkaya – ela suspira e bate palmas. – Ela era realmente maravilhosa.

– Obrigada – respondo, balançando meus músculos.

I mean it—Mama was the best. She was the light illuminating any stage she danced on. She had that little something extra we all strive for: presence, charisma, and a way to lose yourself in the dance, bringing the public into the moment with you. The last time she came to visit me at school, almost everyone was in awe.

Almost.

A few girls had snickered behind my back, saying it's well known that Mama stopped dancing because she'd developed the habit of going to rehearsal totally wasted. But they're wrong; she started drinking when she gave up dancing. When she got pregnant with me.

Svetlana turns off the music. "You're going to do great," she says, and then steps aside. "They're ready for you."

They.

The director of the school, a former dancer from the American Ballet Company who studied here, the head of choreography, and the foundation director.

They'll be judging me. They'll be looking at every single movement I make, if my head tilts too much to the right, if my leg isn't bent perfectly. I rub my knee again. The pain's not strong, but it's my weak point. One wrong move and I could really damage my future.

I can't let that happen.

Quero dizer, minha mãe era a melhor, ela era a luz que iluminava qualquer palco em que dançasse. Ela tinha aquele fator extra que todos nós ambicionamos: presença, carisma, e a forma de se perder na música, trazendo o público para o momento junto de você. A última vez que ela me visitou na escola, quase todos ficaram admirados.

Quase.

Algumas garotas riram nas minhas costas, dizendo que era de conhecimento geral que mamãe parou de dançar porque ela desenvolveu um hábito de aparecer nos ensaios totamente bêbada. Mas elas estão muito enganadas, ela começou a beber quando desistiu de dançar, quando ela engravidou de mim.

Svetlana desliga a música.

– Você vai se sair muito bem, – diz, e depois vai para o outro lado. – Eles estão prontos para você.

Eles.

O diretor da escola, uma ex-bailarina da Companhia de Balé Americana que estudou aqui, o diretor de coreografia e o diretor da fundação.

Eles vão me julgar, vão observar cada movimento que eu fizer, se minha cabeça está muito inclinada para a direita, se minha perna não está dobrada perfeitamente. Esfrego meu joelho de novo, a dor não está forte, mas ela é o meu ponto fraco. Um movimento errado e eu posso prejudicar meu futuro.

Não posso deixar que isso aconteça.

March 19th, 9:30 a.m.

MY PLANE lands in Portland, Maine, with an hour delay because of the snow. I let the couple with the young child who'd been crying the entire way here pass in front of me. They smile gratefully and I return it. It's like the world's waiting for me and I'm ready to jump in. I managed to convince myself that Papa and Mama are going to be happy to see me and that we're going to spend a nice weekend catching up, that I imagined how sad they both sounded during our last phone call.

I hurry out to the baggage claim and spot Papa right away. He's standing by the exit.

I stretch my neck to see where Mama's hiding, but I can't find her. My heart clenches, but I don't want to give up on my fantasy weekend just yet.

"Natoushka!" Papa waves and opens his arms.

19 de março, 09:30

MEU AVIÃO aterrisa em Portland, Maine, com uma hora de atraso por causa da neve. Deixei um casal com uma criança pequena que chorou o voo inteiro passar na minha frente. Eles me dão um sorriso de agradecimento, eu retribuo. É como se o mundo estivesse esperando por mim, e eu estivesse pronta para pular de cabeça nele. Consigo me convencer de que mamãe e papai ficarão felizes em me ver e que vamos passar o bom final de semana colocando o papo em dia, que imaginei o quão triste os dois pareciam durante nosso último telefonema.

Pego minha mala e vejo papai, ele está em pé, próximo à saída. Fico nas pontas dos pés para ver aonde mamãe está se escondendo, mas não consigo encontrá-la. Sinto um aperto no coração, mas ainda não quero desistir da minha fantasia de final de semana.

– Natoushka! – papai acena e abre seus braços para me receber.

"You know I don't like hugging," I mutter, but there's something about the way he looks at me that tugs at my heart. His brows are furrowed and his lips fight a smile, but it's a lost battle. His shirt isn't tucked in properly and his usually smooth face is riddled with hair, as if he hasn't shaved in a few days.

Instead of turning away, I step into his embrace. He wraps his arms around me, and I feel like I did when I was younger, like nothing bad can ever happen to me with him by my side. My papa's always been my hero, the one to save me from my nightmares, the one who made sure my lunch was packed up for school, and the one who explained to me that I wasn't dying when my first period came.

Mama was always too "sick." Now I know "sick" meant she was totally hangover or too wasted to move.

"Where is she?" I ask, still hopeful that Mama might be buying a magazine or waiting in the car.

"She's waiting for you at home," Papa replies. My chest constricts.

I should have known better than to believe her when she said she'd come.

– O senhor sabe que não gosto de abraços – resmungo, mas tem algo na forma em que ele me olha que me pega o coração. Suas sobrancelhas estão arqueadas e seus lábios forçam um sorriso, mas é uma batalha perdida. Sua camisa não está dentro das calças do jeito certo e seu rosto normalmente tão bem barbeado está coberto de pelos, como se não barbeasse há dias.

Em vez de me esquivar, eu recebo seu abraço. Ele envolta seus braços em mim e eu sinto como me sentia quando era mais criança, como se nada ruim pudesse me acontecer com ele ao meu lado. Meu papai sempre foi meu heroi, do tipo que te salva de pesadelos, que se certificava que meu lanche estava na minha lancheira, que me explicou que eu não estava morrendo quando fiquei menstruada pela primeira vez.

Mamãe estava sempre muito "doente". Agora eu sei que "doente" queria dizer que ela estava com ressaca ou muito bêbada para se mover.

– Onde ela está? – pergunto, ainda na esperança que mamãe esteja comprando uma revista ou esperando no carro.

– Ela está esperando em casa – papai responde. Meu peito aperta.

Eu devia saber melhor do que acreditar nela quando ela disse que viria.

It's not like she hasn't seen me in months. It's not like I had the most important audition of my career to date yesterday. It's not like she'd *promised* last time that she'd come to pick me up.

No, nothing like that, I think bitterly, clutching my necklace and trying very hard not to start crying right here.

I run my fingers through my hair. We stroll by the store *Cool as a Moose,* turning toward the exit as the smells from *Linda Bean's Maine Lobster Café* waft by. Their chowder is yummy, but after splurging at the steakhouse—*Delmonico's*—with Uncle Yuri last night, I can't even think about eating.

"How was your flight?" Papa grabs my small suitcase.

"Fine, whatever, nothing special," I reply harshly. I shouldn't punish Papa for her mistakes, but sometimes I can't help myself. I usually snap at him when all I really want to do is yell at her. But not today. I won't let her ruin the good mood I've been in all morning. "I mean, a little bumpy, but nothing too bad," I say and glance at Papa.

His hands tremble a bit, which is unusual. Papa's a pianist. He has the steadiest hands of anyone I know.

I climb into the passenger seat of our car and wrinkle my nose. The car smells like a mix of Papa's cologne and . . . vomit. "What happened in here?"

Não é como se não me visse há meses, não é como se eu tivesse realizado a audição mais importante da minha carreira, não é como se ela tivesse *prometido* na última vez que viria me pegar.

Não, nada do tipo, penso amargamente, agarrando meu colar e me segurando forte para não começar a chorar bem aqui.

Passo os dedos pelos cabelos. Vamos até a loja *Cool as a Moose*, virando em direção à porta enquanto o cheiro do café da *Linda Bean's Lobster Café* paira pelo ar. A sopa deles é uma delícia, mas depois de gastar uma fortuna na churrascaria Delmonico's com meu tio Yuri ontem à noite, não consigo nem pensar em comer.

– Como foi seu voo? – papai pergunta, pegando minha mala.

– Bem, tanto faz, nada de especial – respondo friamente. Não devia punir papai pelos erros de minha mãe, mas às vezes não consigo me segurar. Normalmente dou patadas nele quando o que eu realmente quero é gritar com a minha mãe. Mas hoje não, não vou deixá-la arruinar o bom humor em que estive durante toda a manhã. – Quero dizer, teve um pouco de turbulência, mas nada ruim demais – acrescento, e olho para ele. Suas mãos estão um pouco trêmulas, o que não é normal. Papai é pianista. Ele tem as mãos mais firmes que conheço. Subo no banco de passageiro do carro e enrugo meu nariz. O carro cheira a colônia de papai e... vômito.

– O que aconteceu aqui?

"Nothing. Your mom got sick, but it's all good." Papa opens one of the windows, sending a gust of the chilly wind into the car.

I cringe. "Is everything okay?"

"Great. Everything's fine. Don't worry." He maneuvers out of the parking lot and onto the highway before talking again. "They're calling for more snow and sleet tomorrow and Sunday. Maybe you should leave earlier. Like tomorrow morning. Or even tonight. The last flight out is at about eight."

My heart breaks a little. Tonight? That's so soon. I expect those comments from Mama, but not from him. "Do you want me to?"

He glances my way for a second, before turning his attention back to the road. "That's not what I meant. I know how important it is for you to be there on Monday, and if the flights get cancelled you'll be stuck with us."

He attempts a smile, but it looks more like a grimace than the real thing. "I'm sure you got the part." Before I can answer, he turns on the radio and switches to the CD he always has in his car: *The Chopin Collection* played by Arthur Rubinstein.

According to Papa, Rubinstein is a legend. Papa used to tell me that playing an instrument and dancing had several things in common.

– Nada, sua mãe ficou doente, mas está tudo bem. – Ele abre uma das janelas, fazendo com que um frio gelado entrasse no carro. Tremo.

– Está tudo bem?

– Ótimo, está tudo bem, não se preocupe. – Ele manobra para fora do estacionamento e para dentro da rodovia antes de responder de novo.

– Há previsão de mais neve e nevasca amanhã e domingo. Talvez você devesse partir antes, tipo amanhã cedo, até mesmo hoje à noite. O último voo é às 20h.

Meu coração dói um pouco. Hoje à noite? Tão cedo. Espero esses tipos de comentários de mamãe, e não dele.

– Você quer eu vá antes?

Ele olha em minha direção por um segundo, antes de voltar sua atenção para a estrada

– Não é o que eu quis dizer, sei o quanto é importante para você estar lá na segunda-feira e, se os voos forem cancelados, você vai ficar presa com a gente.

Ele tenta sorrir, mas parece mais uma careta que um sorriso.

– Tenho certeza que você conseguiu o papel. – Antes que eu possa responder, ele liga o rádio e coloca o CD que sempre tem no seu carro *"The Choppin Collection*, por Arthur Rubinstein"*. De acordo com papai, Rubinstein é uma lenda. Papai me dizia que dançar e tocar um instrumento tem muitas coisas em comum.

He said Rubinstein nailed it when asked how he could continue to play the same waltz for over seventy-five years: Rubinstein had replied, *Because it's not the same, and I don't play it the same way*. It is so true. Last year, I danced a small role in *Cinderella*, and each night I discovered a new detail, a new feeling.

Papa's fingers tap out a rhythm on the steering wheel, and his deep voice hums the melody of the song.

Familiar houses flash by the windows, and I close my eyes. The adrenaline from the past few days is slowly wearing off, and the music and my father's humming rock me like a lullaby. Papa always tells me that when I was a baby, the only way to calm me down was to put on a Nocturne from Chopin and I'd fall asleep instantly.

Chopin still has the same effect on me now.

The car jolts to a stop and wakes me up. "Come on, sleepyhead. We're here." The snow covers part of the driveway, but a path is cleared up to our small house. The next house is a few miles down the road.

Papa wanted to live outside the city because he said nature helped him create. Fortunately, Mama didn't care where she lived. I rub my eyes, yawn, and then stretch as I get out of the car.

Ele disse que Rubinstein acertou quando, ao ser perguntado como continuava tocando a mesma valsa por 75 anos, respondeu: *"porque não é a mesma coisa, e eu não toco da mesma forma."* É bem verdade. No ano passado dancei um pequeno papel em Cinderela e a cada noite descobria um novo detalhe, um novo sentimento.

Os dedos de papai tocavam um ritmo ao volante e sua voz profunda murmurava a melodia da música.

Casas familiares passam como um vulto pela janela, e eu fecho meus olhos.

A adrenalina dos últimos dias aos poucos vai se desvaindo, e a música e o cantarolar de papai me embalam como uma canção de ninar. Papai sempre me disse que, quando eu era um bebê, a única forma de me acalmar era colocando *Nocturne* de Chopin, e eu dormia instantaneamente.

Chopin ainda tem o mesmo efeito em mim agora.

O carro para e isso me acorda.

– Vamos, dorminhoca, já chegamos. – A neve cobre parte da rodovia, mas o caminho até nossa pequena casa está limpo. A próxima casa fica alguns quilômetros adiante na estrada.

Papai queria viver fora da cidade porque dizia que a natureza o ajudava a criar. Felizmente, mamãe não se importava onde morasse. Esfrego meus olhos, bocejo e depois me estico enquanto saio do carro.

My feet slip on a patch of ice, and I cling to the door. My heart hammers. Accidents. Stupid accidents happen all the time.

"You okay there, Natoushka?"

"Fine." I press my lips together, taking another step but still holding on to the car.

"Come on, let me help you." He tucks his hand under my elbow, and we slowly make our way to a spot that seems safe. We walk up to the house and Papa pushes the door open. Warmth engulfs me. There's a fire in the living room and soft music is playing in the background. Chopin again, but this time his *Preludes*.

"Mama!" I kick off my shoes and shimmy out of my coat. "Mama!" I run upstairs.

"Natoushka, wait!" Papa yells after me, but I don't listen.

I hear sniffles through the door of my parents' bedroom. "I'll be down in a minute," Mama calls.

I turn the knob, but it doesn't move.

"I said I'll be down in a minute." Mama's voice has an edge to it, and I back away slowly, feeling like someone punched me in the stomach. She's probably been drinking, and again, I'm reminded what place I have in her life . . . None.

I trudge back downstairs. Papa's waiting for me, frowning. "She's not doing well. I told you she's sick," Papoushka says. If I didn't know better, I might believe him.

Meus pés escorregam no gelo e eu agarro a porta, meu coração acelera. Acidentes, acidentes estúpidos podem acontecer a todo tempo.

– Você está bem, Natoushka?

– Sim – aperto meus lábios, dando outro passo, mas ainda segurando firme no carro.

– Vamos, deixe-me ajudá-la – ele me segura pelos cotovelos e a gente, de mansinho, anda até um ponto que parece seguro. Caminhamos até a casa e papai abre a porta. O calor da casa me envolve, a lareira na sala de estar está acesa e uma música tranquila está tocando ao fundo. Chopin de novo, mas dessa vez *Preludes*.

– Mamãe! – tiro meus sapatos e meu casaco – Mamãe! – corro, subindo as escadas.

– Natoushka, espere! – papai chama, mas não ouço.

Ouço um fungado pela porta do quarto dos meus pais.

– Desço num minuto – mamãe diz. Viro a maçaneta, mas ela não se move. – Eu disse que desço num minuto – a voz de mamãe está mais firme, e eu me afasto devagar, sentindo como se alguém tivesse me golpeado no estômago. Provavelmente estava bebendo e, de novo, sou lembrada do lugar que tenho na sua vida... nenhum.

Marcho de volta para o andar de baixo, papai está esperando por mim, suas sobrancelhas franzidas.

– Ela não está bem, te disse que ela está doente – papoushka diz. Se eu não soubesse melhor, acreditaria nele.

Mama's true love is vodka. It's also her most toxic relationship.

Sometimes she proudly drinks herself to total oblivion in front of friends, joking that she can hold her own, saying it comes from her Russian heritage, but most of the time she hides her dirty secret, drinking when no one can see her, drinking so she can function, drinking until she crashes. I didn't realize how bad it had gotten. Usually Papa kept me busy whenever she was having a down moment. He would play Chopin on his old piano, he would ask me to help him cook *pelmeni*—ravioli-like bundles of dough with meat and onions inside. My favorite kind has mushrooms and mashed potatoes in them. He would take me for a walk by the water, or he would insist it was okay for me to spend hours on the phone with Becca or rehearsing at the local studio.

"I'll go practice upstairs for a while," I tell him.

"Natoushka." He holds his hand out, but I shake my head.

"I'll be dancing."

This is what I do when the pain becomes too much, when the knowledge that my own mother doesn't care about me makes it hard to breathe. I dance.

O verdadeiro amor de mamãe é a vodka, é também seu relacionamento mais tóxico.

Às vezes, ela bebe com orgulho até se esquecer de tudo quando está com seus amigos, fazendo piadas, dizendo que consegue se controlar, que isso vem de sua descendência russa, mas muitas das vezes ela esconde seus segredos mais sujos, bebendo quando ninguém pode vê-la, bebendo para que então ela possa funcionar, bebendo até cair. Não percebi o quão ruim isso se tornou. Normalmente papai me mantinha ocupada todas as vezes que ela estava tendo um recaída. Ele tocava Chopin no seu piano antigo, me chamava para ajudá-lo a cozinhar *pelmeni*, uma massa estilo ravioli recheada com carne e cebola. O meu preferido tinha cogumelos e purê de batata. Ele me levava para caminhar perto da água, ou então insistia que não tinha problema se eu passasse horas ao telefone com Becca ou ensaiando no estúdio local.

– Vou ensaiar um pouco lá em cima – digo a ele.

– Natoushka – ele levanta sua mão, mas aceno com a cabeça.

– Vou dançar.

É isso que eu faço quando a dor fica insuportável, quando o reconhecimento de que a minha própria mãe não se importa comigo faz com que fique difícil respirar. Eu danço.

Upstairs, I stretch my muscles to the music Papa plays down below. The notes he's creating from the piano are the saddest I've ever heard.

He plays "The Farewell Waltz" from Chopin again and again. And for the first time, I'm afraid that even though my father loves my mom, she may have gone too far.

Na parte de cima da casa, alongo meus músculos com a música que papai toca lá embaixo. As notas que ele está criando no piano são as mais tristes que já ouvi.

Ele toca *The Farewell Waltz* de Chopin repetidas vezes e, pela primeira vez, tenho medo que, apesar de meu pai amar minha mãe, ela talvez tenha ido longe demais.

March 18th, 11 a.m.

I ENTER THE audition room with my head high.

The director of the school smiles to the other judges. "Here's our first student, Natalya Pushkaya, the daughter of Katya Pushkaya." I'm not sure he says this so that everyone knows exactly who I am or because he's trying to remind me that I need to be at least as good as my mother. His eyes bore into mine. "Natalya, are you ready?"

I nod, not trusting my vocal cords. The director raises one finger to the technician. My heart pounds in my ears until I hear the first notes.

18 de março, 11:00

EU ENTRO na sala de audição com minha cabeça erguida.

O diretor da escola sorri para os outros jurados.

– Aqui está nossa primeira estudante, Natalya Pushkaya, a filha de Katya Pushkaya – não sei se ele diz isso para que todos saibam exatamente quem eu sou ou porque está tentando me lembrar que preciso ser tão boa quanto minha mãe, no mínimo. Seus olhos perfuram os meus. – Natalya, você está pronta?

Eu aceno com a cabeça, sem confiar na minha voz. O diretor levanta um dos dedos para o técnico. Meu coração bate forte nos meus ouvidos até que ouço as primeiras notas.

The music pulls me into the story and the audience is no longer there. I'm Aurora, and I bow to my suitors, energy extending to my fingertips. I turn away, suddenly shy, but butterflies flutter in my stomach. I can look for love. Love can be real and I have the world in front of me. I tap my toe and extend my back leg, and then turn into a pirouette.

One turn.

Two turns.

Three turns.

I pause, inhale and exhale, and wait for the music to change. As soon as it does, I retreat to the darkest place inside myself, to the part of me no one knows, the part that feels empty and lost, that misses her babushka so much that it hurts *not* to cry, but that knows crying would destroy her.

Everyone has a dark place they keep hidden most of the times.

No one is only made of sunshine; even those people smiling or laughing all the time have memories that hurt them and people they miss. Being happy doesn't mean never being sad.

My movements grow heavier. My eyes drift closed, and when I open them, I see darkness around me.

I finish this segment of the dance, almost in tears.

A música me leva para dentro da história e o público desaparece. Sou Aurora e reverencio meus pretendentes, uma energia se estendendo até meus dedos. Me viro, tímida de repente, borboletas se agitando no meu estômgo. Posso procurar por amor, amor pode ser real e tenho o mundo inteiro na minha frente. Bato meu dedo e estico minha perna para trás, e depois faço uma pirueta.

Uma volta.

Duas voltas.

Três voltas.

Paro, respiro e solto a respiração, e espero a música mudar.

Assim que ela muda, eu me volto para o lugar mais escuro dentro de mim, para a parte de mim que ninguém conhece, a parte que se sente vazia e perdida, que sente tanta falta da sua babushka que dói *não* chorar, mas sabe que chorar poderia destruí-la. Todo mundo tem um lado escuro que mantém escondido na maior parte do tempo.

Nem todos são feitos apenas de luz; até mesmo aquelas pessoas que sorriem ou gargalham o tempo todo têm memórias que as machucam e pessoas das quais sentem saudades. Ser feliz não quer dizer nunca ficar triste.

Meus movimentos ficam mais pesados, meus olhos se fecham e, quando os abro, vejo escuridão em toda minha volta.

Termino esse segmento da dança quase em lágrimas.

I bow. My entire body pulsates, my heart hammers, and when I look at the judges, I hear my mother's name and the words *at least as talented*.

I'm about to burst with pride, but instead of doing a small jump, the end of my performance lingers in my mind. I bite the inside of my cheek, grounding myself in the present.

The judges nod politely and take a few notes. Maria, the former dancer from the American Ballet Company, gives me a thumbs-up while the other judges deliberate.

"Thank you," I say.

"Our decision will be posted on the wall on Monday," the director says. Then he clears his throat. "But you know, Natalya, make sure you rest this weekend. You'll need it in the next few weeks."

"I will," I say. My brain is going through all the possible hidden meanings of this statement. Either I'll need to practice because I sucked or I am getting an important role. Maybe *the* role.

Only three more days until I find out.

Svetlana opens the door of the audition room and ushers me out.

Faço reverência, meu corpo inteiro pulsa, meu coração bate forte e, quando olho para os jurados, ouço o nome da minha mãe e as palavras "*ao menos tão talentosa quanto*".

Estou prestes a explodir de orgulho, mas, em vez de dar um pequeno pulo, o final da minha apresentação permanece na minha cabeça. Mordo minhas bochechas por dentro, tentando me manter no presente.

Os juízes educadamente acenam com a cabeça e fazem algumas anotações. Maria, a ex-dançarina da Companhia de Balé Americana me faz um sinal de positivo enquanto os juízes discutem.

– Obrigada – falo.

– Nossa decisão estará no mural na segunda-feira – diz o diretor, depois limpa a garganta e acrescenta: – Mas sabe, Natalya, tente descansar esse final de semana, você vai precisar para as próximas semanas.

– Eu vou – replico, minha mente viaja por todos os significados escondidos possíveis dessa declaração. Ou vou precisar ensaiar porque fui muito ruim ou estou conseguindo um papel muito importante. Talvez *o* papel.

Somente mais três dias até eu descobrir.

Svetlana abre a porta da sala de audição e me conduz para fora.

My heart does little energetic *pas chassés* and I'm so excited that I skip down the hall as soon as the door closes behind me. I almost run into Emilia, who's biting the skin around her nails.

"You did great, didn't you? I can't believe I'm going after you. Right after the best student at school. I'm doomed!" She sighs and then smiles, but it doesn't reach her eyes. "I'm happy for you. But you know, I just want to be first for once." She pauses and then turns away, muttering. "First somewhere. I'm not first anywhere, not with my parents, not with him. Not here."

She sniffles.

"You'll do fine," I tell her. "You're going to be amazing. If I'm threatened by anyone, it's you."

And it's half-true. I am afraid of her being chosen instead of me. She doesn't have the passion, but she has the technique, and her mom was a big donor to the school. Mine's a celebrity in her own right, but never threw money at the board.

I squeeze her hand. "Look at me." I pause until our gazes lock. "You worked hard for this. You performed the routine perfectly yesterday. Just let yourself go."

Meu coração faz um *pas chassés* energético, e estou tão animada que saltito pelo corredor assim que a porta se fecha atrás de mim, quase atropelando Emilia, que está acabando com toda sua unha.

– Você foi muito bem, não foi? Não acredito que sou eu depois de você, logo depois da melhor aluna da escola, estou condenada! – ela solta um suspiro e ri, mas seu sorriso não alcança seus olhos. – Estou feliz por você, mas, sabe, quero ser a primeira pelo menos uma vez. – Ela para e depois se vira, balbuciando: – Primeira em algum lugar, não sou primeira em lugar nenhum, nem com meus pais, nem com ele, nem aqui.

Ela resmunga.

– Você vai se sair bem – digo. – Você vai ser maravilhosa. Se eu sou ameaçada por alguém, é por você.

E é meia verdade. Tenho medo que ela seja escolhida em vez de mim. Ela não tem a paixão, mas ela tem a técnica, e a mãe dela é uma grande doadora para a escola. A minha é uma celebridade no seu próprio direito, mas ela não está dando dinheiro ao conselho.

Aperto sua mão.

– Olhe para mim – paro até que nossos olhares se fixam. – Você trabalhou duro por isso, você fez a coreografia perfeitamente ontem, apenas deixe-se levar.

"What do you mean?"

"Stop overthinking the routine. *Feel* it. Feel every movement. When you dance, pretend Nick's the only one watching you."

"Nick? You really want me to fail, don't you?" She laughs, but her eyes sparkle at the idea and I know I'm right.

"You want *him* to wake you up with a kiss. You want to live every moment of the kiss, you want everyone to feel the way you do. Show them how you feel!"

"Emilia," Svetlana calls.

"You can do it. I mean it. Do you want me to wait for you?"

She shakes her head. "No. Go. I'll be fine. Thank you." She walks to the entrance, her head high and her shoulders back.

And like we do before any big event, I call out what many ballerinas around the world use instead of the ill-fated *break a leg*. *"Merde!"*

She doesn't turn back to me.

– O que você quer dizer?

– Pare de pensar demais na coreografia, *sinta* a coreografia, sinta cada movimento. Quando você dança, faça de conta que Nick é o único te assistindo.

– Nick? Você quer mesmo que eu falhe, não é? – ela dá uma risada, mas seus olhos brilham com a ideia, e sei que estou certa.

– Você quer que *ele* te acorde com um beijo, você quer viver cada momento desse beijo, você quer que todo mundo sinta do mesmo jeito que você se sente. Mostre para eles como você se sente!

– Emilia – Svetlana chama.

– Você consegue. Estou falando sério. Quer que eu espere por você?

Ela balança a cabeça

– Não, vá. Vou ficar bem, obrigada – ela caminha até a entrada, sua cabeça erguida e os ombros para trás.

E como sempre fazemos antes de um grande evento, falo pra ela o que muitas bailarinas no mundo todo usam em vez do inapropriado *"break a leg"* (quebre a perna).

– *Merde!*

Ela não se vira para mim.

March 19th, 5 p.m.

I HAVEN'T seen Mama all day, even during lunch. Papa tried to distract me with conversation about school and the new piano piece he's working on, but sometimes his eyes would focus on the stairs as if she'd magically appear. He's been playing the piano for a good part of the afternoon, and I've been upstairs in my room rehearsing.

This hasn't been the weekend I imagined. At all.

It's been so long since I spent time at home. I really believed that at least we would have dinner together, that maybe we'd cuddle on the couch and watch a movie, that Mama would ask me about my audition, that we would go on a walk like we did when I was younger and was obsessed with finding the perfect leaves to draw.

19 de março, 17:00

NÃO VI mamãe o dia inteiro, nem mesmo durante o almoço. Papai tentou me distrair com conversas sobre a escola e a nova peça de piano na qual está trabalhando, mas às vezes seus olhos focam na escada com se ela fosse aparecer num passe de mágica. Ele tocou o piano durante boa parte da tarde, e eu fiquei ensaiando no meu quarto.

Esse não foi o final de semana que imaginei, de forma alguma.

Faz tanto tempo que não passo em casa, acreditei que ao menos jantaríamos juntos, que talvez ficaríamos agarradinhos no sofá e assistiríamos a um filme, que mamãe me perguntaria sobre a audição, que sairíamos para dar uma caminhada, como costumávamos fazer quando eu era criança e ficava obcecada em encontrar as folhas perfeitas para desenhar.

"Zatknis!" I hear Papa shout from downstairs. I startle. It means "shut up" in Russian and I've only heard him swear twice before: once when he lost the bid to compose a soundtrack and again when Becca's parents dropped a bucket of water on him at the lake. I leave my music on, hoping my parents won't hear me coming down the stairs. Something shatters on the floor, and a door slams. Now they're in the study, and they're screaming at each other in a mixture of English and Russian, their voices muffled so I can't understand what they're saying.

The doors flies open, and Mama's eyes widen when she sees me. "Natoushka," she whispers. Her hand hovers in the air, as if she wants to touch my cheek or pull me close to her. But instead, she sighs and goes back to her bedroom without a word. There's a shuffle, and sound of a dresser opening.

Papa's still in the study.

"Papoushka," I say.

He's holding a picture of the family at Christmas two years ago. The picture was taken right after eating my babushka's famous *vinegret*—iced boiled beet roots, potatoes, carrots, chopped onions, and sauerkraut. We'd convinced Babushka to stay with us for two weeks. Yuri had come down from the city with his girlfriend at the time, Tawna. Everyone's laughing in the picture.

– Zatknis! – ouço papai gritar lá de baixo. Me assusto, isso quer dizer "cala a boca" em russo, e só o ouvi dizer palavrão duas vezes; uma vez quando ele perdeu uma proposta para compor uma trilha sonora e outra vez quando os pais de Becca derramaram um balde de água em cima dele no lago. Deixo minha música ligada, na esperança que meus pais não me ouvirão descer as escadas. Alguma coisa quebra no chão e uma porta bate.

Agora estão no escritório, gritando um com o outro numa mistura de inglês e russo, suas vozes abafadas para que eu não consiga entender o que estão dizendo.

A porta se abre e os olhos de mamãe se arregalam quando me vê.

– Natoushka – diz em voz baixa. Sua mão paira no ar como se quisesse tocar minha bochecha ou me puxar para mais perto de si. Mas, em vez disso, ela suspira e volta para seu quarto sem dizer uma palavra. Ouço pés se arrastando e o som das portas do guarda-roupa se abrindo.

Papai ainda está no escritório.

– Papoushka – digo.

Ele está segurando um retrato da família do Natal de dois anos atrás. A foto foi tirada logo após comermos o famoso *vinegret* da *babushka*, bolas de raíz de beterraba gelada, batatas, cenouras, cebolas picadas e *sauerkraut*. Convencemos *babushka* a ficar conosco por duas semanas. Yuri veio da cidade com sua namorada da época, Tawna. Todos estão rindo na foto.

"Papoushka," I repeat.

"Everything's fine, Nata. Everything's okay." But his shoulders are slumped and he continues to stare at the picture. "It's okay."

Mama stumbles down the stairs with her suitcase.

My eyes dart from him to her. She pauses at the door, and my heart's screaming for him to stop her. He's always the reasonable one. He's always the one making sure they keep it together. But he doesn't say a single word.

"Mama?" I call, hoping against all odds that she'll stop and listen to me.

When she does stop and turns around, I hold my breath. I take a step forward, but Papa slams the picture down on the shelf, and in a voice of steel, says, "Zatknis, Katya."

Mama flinches and then hurries out the door.

A car honks. Out the window, I see a cab in front of the house; Mama disappears into it. At least she doesn't intend to drive; the way she swayed as she stood didn't look too good.

"What happened?" I ask Papa. "And *don't* tell me it's fine."

"We had a fight, but nothing to worry about. I'll make us something for dinner."

– Papoushka – repito.

– Está tudo bem, Nata, tudo bem – mas seus ombros estão caídos e ele continua a olhar o retrato. – Tudo bem.

Mamãe desce as escadas com uma mala.

Meus olhos olham dele pra ela. Ela para na porta e meu coração está gritando para que ele a impeça, ele sempre foi o mais sensato, sempre foi ele quem fazia de tudo para que não perdessem o controle, mas ele não diz uma palavra sequer.

– Mamãe? – chamo, esperando contra todas as expectativas que ela vá parar e me ouvir.

Quando ela para e se vira, seguro minha respiração, dou um passo à frente, mas papai joga o retrato na estante e, com uma voz de aço, diz:

– Zatknis, Katya.

Mamãe se recolhe e se apressa para sair pela porta.

Um carro buzina. Pela janela vejo um táxi em frente à casa, e mamãe desaparece dentro dele. Pelo menos ela não pretende dirigir, a forma como ela cambaleou enquanto me fitava não parecia boa.

– O que aconteceu? – indago papai. – E *não* me diga que está tudo bem.

– Tivemos uma briga, mas não há nada que se preocupar. Vou fazer algo para o jantar.

"Mama just *left*. She packed a suitcase and left, and you want to stay here and eat dinner? I know she's not easy, and I know the way she treats you is wrong, but you never let her go like this before!"

"It's only for a few days. Until we both calm down."

"What if she drinks too much?"

"She'll be fine."

"What happened?" I rub the back of my head.

There's glass from a shattered vase on the floor, probably what I heard earlier. Books are scattered on the floor, and the lines around Papa's eyes look deeper. He looks like he's aged ten years in ten minutes.

He softly touches my cheek. "It's got nothing to do with you, my Natoushka. Sometimes people just need some time apart."

"Are . . . are you going to stay together?"

"No matter what we decide, I want you to know that we both love you. It has nothing to do with you."

"But—"

– Mamãe acabou de ir embora. Ela fez as malas e saiu, e você quer ficar aqui e jantar? Sei que ela não é uma pessoa fácil e também sei que a forma que ela te trata é errado, mas você nunca a deixou ir dessa forma!

– É só por alguns dias, até que ambos nos acalmamos.

– E se ela beber demais?

– Ela vai ficar bem.

– O que aconteceu? – massageio a parte de trás da minha cabeça, no chão vejo pedaços de vidros de um vaso todo estraçalhado, provavelmente o que ouvi mais cedo. Livros estão espalhados pelo chão e as linhas em torno dos olhos de papai parecem mais profundas. Ele parece ter envelhecido dez anos em dez minutos.

Ele toca minha bochecha suavemente.

– Não tem nada a ver com você, minha Natoushka, às vezes as pessoas só precisam de um tempo longe umas das outras.

– Vocês... vão ficar juntos?

– Não importa o que decidirmos, quero que saiba que nós dois te amamos, não tem nada a ver com você.

– Mas...

"No more questions, Natoushka." He runs his finger over the picture he held earlier, clears his throat, and then strides out of the room. I pick up the photo. My dad's arm is around my mom and she's leaning into him.

When did my family start falling apart?

– Sem mais perguntas, Natoushka – ele passa a mão sobre a foto que olhava, limpa sua garganta e depois deixa o escritório. Pego a foto, os braços de papai estão envoltos da minha mãe e ela está se inclinando nele.

Quando foi que minha família começou a desmoronar?

March 18th, 6 p.m.

UNCLE YURI picks me up on time, as usual. He only uses his chauffeur when we're going to Delmonico's from the School of Performing Arts because getting cabs at this hour is insane and taking the subway would take forever.

"Hi, future star," he says as I step in. I settle into the car's leather backseat and smile at the scent of his cologne in the air. He looks tired, but his smile still wrinkles in his Pushkaya eyes, as he calls them. Mama's eyes are also blue, but much, much lighter, almost transparent.

"Don't jinx it," I reply. He squeezes my shoulders.

18 de março, 18:00

TIO YURI me pega a tempo, como sempre. Ele só usa seu *chauffeur* quando vamos para Delmonico's saindo da Escola de Artes Cênicas porque pegar táxis a essa hora é loucura e o metrô levaria anos.

– Olá, futura estrela – ele diz assim que entro. Sento no banco de trás e sorrio para o cheiro de sua colônia que se espalha pelo ar. Ele parece cansado, mas seu sorriso ainda brilha em seus olhos de papoushka, como ele os chama. Os olhos de mamãe também são azuis, mas bem, bem mais claros, quase transparentes.

– É mau agouro – replico. Ele aperta meus ombros.

"I'm sure you did amazing, and you know what we're celebrating today, right?"

"What?"

"The fact that you worked so hard and that you did your best! We'll be proud of you no matter what."

I nod. Spending time with Uncle Yuri is always a mixture of feeling like I'm with Papa because they look and sound so alike and feeling like I'm with a good friend who always finds a way to make me laugh. Yuri is only two years younger than Papa, but he has a carefree attitude that Papa no longer has.

His phone rings. "Hi, Mona. What's up in Montana? Have you caught a cowboy yet?" He laughs. Mona and Uncle Yuri had been sort-of dating, but he didn't want to be tied down.

I watch the city through the window, my audition dancing circles in my mind.

Maybe I should have smiled more. Or maybe less. Maybe I should have given more power to my pirouette. Maybe I should have extended my arms higher above my head when I jumped into a *grand jeté*, flying up in the air.

He nudges me. "You did great, I'm sure. Stop thinking about it. How about I tell you about the latest drama in my building instead?"

– Tenho certeza que você foi maravilhosa, e você sabe o que estamos celebrando hoje, certo?

– O quê?

– O fato de que você trabalhou duro e que você fez o seu melhor! Ficaremos orgulhosos de você não importa o resultado.

Aceno com a cabeça. Passar tempo com tio Yuri é sempre uma mistura de sentimentos como quando estou com papai, porque eles se parecem e tem a voz tão similar que é como se estivesse com meu bom amigo que sempre arruma uma forma de me fazer sorrir. Yuri é só dois anos mais novo que papai, mas ele tem uma atitude despreocupada que papai não tem mais.

Seu telefone toca.

– Oi, Mona, como está Montana? Já arrumou um *cowboy*? – ele ri. Mona e tio Yuri estiveram meio que juntos, mas ele não queria ficar amarrado a ninguém.

Observo a cidade pela janela, os ciclos de dança da minha audição dando voltas na minha cabeça.

Talvez eu devesse ter sorrido mais, ou talvez menos. Talvez eu devesse ter dado mais força para a minha pirueta. Talvez eu devesse ter estendido meus braços mais altos sobre a minha cabeça quando pulei um *grand jeté*, voando pelo ar.

Ele me cutuca.

– Você foi ótima, tenho certeza. Pare de pensar sobre isso. Que tal eu te contar sobre o último drama do meu prédio?

Uncle Yuri always tells me stories about the people who live in his building. This time he tells me about a lady who's about ninety years old; he's convinced she used to be a spy. It's probably only his imagination.

We love to play the what-if game when watching people.

"What if she was a spy and used to be a ballerina as a cover-up?" I suggest.

Uncle Yuri tilts his head to one side. "No ballerina stories this evening. You need to relax."

I shrug, knowing too well that it will be hard for me to talk about anything else when I'm still pulsing from the audition. The car stops in front of Delmonico's.

"Come on, let's go," my uncle says.

The maître d' takes us to my uncle's favorite table, the one in the corner. We have to walk through the entire room to get there. Yuri, as always, shakes a few hands, pats a few backs, and offers a few compliments on the way before we sit down.

Tio Yuri sempre me conta histórias sobre pessoas que moram no seu prédio. Dessa vez, ele me conta sobre uma senhora que tem cerca de noventa anos de idade; ele está convencido de que ela era uma espiã. Provavelmente é só sua imaginação.

Amamos jogar jogos de *e-se* quando observamos pessoas.

– E se ela era uma espiã e foi uma bailarina como disfarce? – sugiro.

Tio Yuri inclina sua cabeça para um lado.

– Sem histórias de bailarinas nessa tarde, você precisa relaxar.

Dou de ombros, sabendo muito bem que vai ser difícil falar sobre qualquer outra coisa quando ainda estou vibrando por causa da audição. O carro para em frente ao Delmonico's.

– Venha. Vamos! – meu tio diz.

O *maître* nos guia até a mesa preferida do meu tio, a do canto. Temos que passar pelo salão inteiro para chegar até lá.

Yuri, como sempre, cumprimenta algumas pessoas, dá tapinha em algumas costas e oferece alguns elogios no caminho antes de nos sentarmos.

We order our usual dishes: a Delmonico steak with garlic-herb whipped potatoes and a side of roasted onions and wild mushrooms for Yuri, and a filet mignon with grilled asparagus for me.

"Are you going to stay in the city this summer?" Uncle Yuri asks. He sips a glass of red wine while I enjoy my Shirley Temple. "You know you can stay with me if you do. Do your dorms even have AC?"

My lips pull into a smile. He always worries that my school isn't providing me with enough comfort. He doesn't realize that I don't have *time* for comfort. It's all about work.

"I'm not sure yet. Papa said he'd like to go back to New Jersey, even if Babushka isn't . . ." I swallow through the lump in my throat. Talking about my grandmother is still difficult. "I think he wants to make sure I get to spend some time with Becca. And Mama with Becca's mom. Whenever we're there, she seems more relaxed."

"That sounds good." Yuri takes another sip and then sits back in his chair. "How is Emilia doing?"

We talk about everything—his job as a lawyer, the movie he wants to take me to in two weeks, how we both look forward to spring. In the back of my mind, though, I can't help wondering about the auditions and the upcoming weekend at my parents' house.

Pedimos nosso prato de sempre, uma carne Delmonico com ervas e alho, batata e um acompanhamento de cebolas assadas, cogumelos selvagens para Yuri, e um filet mignon com aspargos grelhados para mim.

– Você vai ficar na cidade nesse verão? – tio Yuri pergunta. Ele toma uma taça de vinho enquanto eu aprecio meu Shirley Temple.

– Sabe que pode ficar comigo se quiser, o seu dormitório ao menos tem ar-condicionado?

Meus lábios formam um sorriso. Ele sempre se preocupa se minha escola está me fornecendo conforto suficiente. Ele não percebe que não tenho *tempo* para conforto, é tudo sobre trabalho.

– Ainda não tenho certeza. Papai disse que gostaria de voltar para Nova Jérsei, mesmo que babushka não esteja... – engulo o nó na minha garganta. Falar sobre minha vó ainda é difícil. – Acho que ele quer se certificar que eu passe um tempo com Becca. E mamãe com a mãe de Becca. Sempre que estamos lá, ela parece mais relaxada.

– Isso é bom – Yuri toma mais um gole do vinho e depois senta na sua cadeira. – Como está Emilia?

Falamos sobre tudo: seu trabalho como advogado, o filme que quer me levar para ver daqui duas semanas, como nós dois estamos ansiosos pela primavera. No meu subconsciente, entretanto, não consigo parar de pensar sobre as audições e a semana seguinte na casa dos meus pais.

I decline the offer of dessert, but it's tough to say no. Especially when I can practically taste the apricot jam and banana gelato of their classic Baked Alaska walnut cake melting on my tongue. But if I wanted dessert, I should have had a salad, not the filet mignon.

Uncle Yuri orders an espresso and clears his throat. "So, what's wrong?"

My head snaps up. "What do you mean?" I try to sound surprised, but my voice is too low.

"You've been playing with your necklace almost all evening."

"Huh?"

"Whenever you're stressed about something, or you're sad, you can't stop playing with your necklace." He smiles. "You'd be a terrible poker player."

"Have you played poker recently?" I ask, trying to redirect the conversation to safer topics.

"Don't change the subject." He sighs. "Are you still worried about the auditions? Because I already told you, Nata: you did your best. You work all the time, you aim for perfection, and every single time I see you on stage, I am amazed at how easy you make it all seem."

Rejeito a oferta de sobremesa, mas é difícil dizer não. Principamente quando praticamente posso sentir o gosto da geleia de damasco e gelato de banana do clássico bolo de nozes derretendo na minha boca. Mas se eu quisesse sobremesa deveria ter pedido uma salada, e não filet mignon.

Tio Yuri pede um espresso e limpa sua garganta.

– Então, o que há de errado?

Levanto minha cabeça.

– O que quer dizer? – tento parecer surpresa, mas minha voz está muito baixa.

– Você ficou brincando com seu colar a noite inteira.

– Oi?

– Sempre que está estressada sobre alguma coisa, ou está triste, não para de brincar com seu colar – ele sorri. – Você seria uma terrível jogadora de pôquer.

– O senhor tem jogado pôquer? – pergunto, tentando redirecionar a conversa para tópicos mais seguros.

– Não mude de assunto – ele suspira. – Você ainda está preocupada com a audição? Já te disse, Nata, você deu o seu melhor. Você trabalha o tempo todo, você busca a perfeição, e todas as vezes que te vejo no palco, fico maravilhado com quão fácil você faz tudo parecer.

I swallow the lump in my throat. Why can't Mama say this to me?

My uncle covers my hand with his and gives me a gentle pat before taking another sip of his espresso. "Come on, talk to me, Natoushka."

I take a deep breath, release it, and then clutch my necklace.

"I don't want to go back home this weekend. I mean, I want to. I want to see them. And I have this picture in my mind of how it's supposed to be. Like Mama promised she'd come and pick me up at the airport, and maybe we'll do something all together, like spend some time at the seashore." I love walking by the water when it's still cold outside and the tourists aren't there yet. I let go of my necklace and then squeeze it again. "But I don't want to go home just to be ignored. Mama rarely pays attention to me. And Papa always seems so sad."

"Sad?" Uncle Yuri frowns.

"Like something's off. Maybe I'm losing it because I haven't slept that well for the past few weeks, but when I talked to him before the audition, he sounded . . ."

Engulo o nó na minha garganta. Por que mamãe não diz essas coisas para mim?

Meu tio cobre minhas mãos com as suas e me dá um tapinha gentil antes de tomar outro gole do seu espresso.

– Vamos, converse comigo, Natoushka.

Respiro fundo, solto o ar, e depois seguro meu colar.

– Não quero ir para casa esse final de semana. Quero dizer, eu quero, quero ver meus pais, e tenho na minha cabeça a imagem de como tudo deveria ser. Como mamãe havia me prometido que me pegaria no aeroporto, e talvez todos faríamos alguma coisa juntos, como passar um tempo à beira do mar. – Amo caminhar perto da água quando ainda está frio lá fora e os turistas ainda não chegaram. Solto meu colar e depois aperto-o novamente – Mas não quero ir para casa e ser ignorada. Mamãe raramente presta atenção em mim e papai parece sempre estar triste.

– Triste? – tio Yuri franze a testa.

– Como se tivesse algo errado. Talvez eu esteja perdendo a cabeça porque tenho dormido mal nas últimas semanas, mas quando falei com ele antes das audições, ele parecia...

I search for the right word, but it doesn't come to mind. I shrug. "Off. He sounded off."

"And your mom?"

"Mama didn't really talk. I think she was crying, but I can't be sure. She said she had a cold and that that was why she was sniffling, but I'm pretty sure she was crying." I pause. "Maybe I should just stay here this weekend."

Yuri sits back in his chair and rubs the back of his neck with one hand. That's *his* tell, the one that says he's worried about something but trying his best to not let it show. That's how he looks right before a big case, or before any of my recitals. He's always telling me to live life, but he also tells me I need to be careful not to hurt myself when dancing.

People don't realize how dangerous ballet can be: flying in the air in a *grand jeté*, making everyone believe in a story. If a ballerina does her job correctly, all movements will look easy and flawless; the hours spent behind the barre rehearsing cannot show.

Last year, two girls had to leave the school for months because of injuries: one didn't land a jump correctly and hurt her Achilles tendon, and the other had a total burnout because she couldn't handle the pressure.

Procurei pela palavra certa, mas ela não veio à minha mente. Dei de ombros.

– Desligado, ele parecia desligado.

– E a sua mãe?

– Mamãe não falou muito, acho que estava chorando, mas não tenho certeza. Ela disse que estava com um resfriado e era por isso que estava sempre fungando, mas tenho certeza de que estava chorando – eu pauso. – Talvez eu devesse ficar aqui esse final de semana.

Yuri encosta na cadeira e coça seu pescoço com uma mão. Essa é a *sua* forma de dizer que está preocupado com alguma coisa, mas tentando ao máximo não demonstrar isso. É assim que ele fica antes de um caso grande, ou depois de qualquer um dos meus recitais. Ele está sempre me dizendo para viver a minha vida, mas ele também está sempre me dizendo para ter cuidado para não me machucar enquanto danço.

As pessoas não percebem o quão perigoso balé pode ser; voando pelo ar num *grand jeté*, fazendo com que todos acreditem numa história. Se uma bailarina faz seu trabalho corretamente, todos os movimentos vão parecer impecáveis, as horas gastas atrás da barra ensaiando não podem ser percebidas. Ano passado, duas garotas tiveram que deixar a escola por meses por causa das suas lesões: uma não conseguiu aterrissar após um salto e machucou seu tendão de Aquiles, e a outra teve uma estafa porque não conseguiu lidar com a pressão.

My uncle still hasn't answered, and I clutch my necklace again. "What do you think? Should I go?"

"Were you looking forward to seeing them?"

"Yes," I whisper. Because even though it's not always easy, I do miss them. And maybe this will be the weekend we end up reconnecting.

Yuri's lips turn up into a tiny smile, one that doesn't wrinkle his eyes. He doesn't say another word, though.

"I do want to see them," I continue, talking to him as well as myself. "Okay. I'll go. Everything's already set up and maybe I'm imagining things."

"What time is your flight tomorrow?"

"Nine a.m. from JFK."

"I'll take you there if you want. I only have to be in court later in the day."

"Okay."

"Let's get you back to school."

When we step out, snow flurries dust the sidewalk. I tilt my head and let out a sigh. "I love the snow, but it needs to stop so I can leave tomorrow," I say. I turn to look at Yuri. "Can you drop me off at the West 72nd Street entrance to the park?"

Meu tio ainda não respondeu e eu seguro meu colar novamente

– O que você acha? Devo ir?

– Você estava ansiosa para vê-los?

– Sim – sussurro. Porque mesmo que nem sempre seja fácil, eu sinto falta deles, e talvez esse seja o final de semana que vamos nos reconectar.

Os lábios de Yuri formam um pequeno sorriso, um que não faz com que seus olhos brilhem. Mas ele não diz nenhuma outra palavra.

– Quero vê-los – continuo falando para ele e para mim mesma. – Tudo bem, eu vou, já está tudo ajeitado e talvez eu esteja imaginando coisas.

– Quer horas será seu voo amanhã?

– Às 9h da manhã no JFK.

– Te levo até lá se quiser, só tenho que estar no tribunal mais tarde.

– Tudo bem.

– Vamos te levar de volta à escola.

Quando saímos do restaurante, flocos de neve caem sobre a calçada, inclino minha cabeça e solto um suspiro.

– Amo a neve, mas preciso que ela pare de cair para que eu possa viajar amanhã – digo, e viro para olhar para o Yuri. – Você pode me deixar na entrada do parque da rua West 72nd?

"Why not all the way to school? It's getting dark. I don't want you walking all by yourself."

"I'll be fine from there. I want to walk a bit."

"With the snow? You said you had enough of it." "I do, but at the same time, there's nothing like fresh snow in Central Park. And it's only a ten-minute walk from the west entrance. I'll be fine."

"All right. But you text me as soon as you get back to the dorms."

In the car, we don't talk much. Yuri frowns as if he wants to tell me something but isn't sure it's the right time. That's the face he had when Babushka passed away. My parents asked him to bring me home so they could tell me. She died all alone.

I swallow the tears that build up in the back of my throat whenever I think about how I wasn't there for her. I only called her once in a while. I took her for granted.

Mama always said that dancing requires sacrifices. I just never thought she also meant sacrificing people.

– Por que não na escola? Está escurecendo, não quero que fique andando sozinha por aí.

– Ficarei bem por lá, quero caminhar um pouco.

– Com essa neve? Você disse que já está farta dela.

– E é verdade, mas ao mesmo tempo não há nada como uma neve fresca no Central Park, e são só dez minutos de caminhada, vou ficar bem.

– Tudo bem, mas me mande uma mensagem assim que chegar aos dormitórios.

Não conversamos muito no carro. Yuri franze a sobrancelha como se quisesse me contar algo, mas não tem certeza se é o momento certo. É a mesma cara que ele fez quando babushka faleceu. Meus pais pediram que ele me trouxesse para casa para que eles pudessem me dar a notícia. Ela morreu sozinha.

Engulo as lágrimas que se formam na minha garganta sempre que penso sobre como não estava lá com ela, só ligava para ela de vez em quando, a deixei passar batido.

Mamãe sempre disse que dançar requer sacrifício, eu só nunca pensei que ela quisesse dizer sacrifício de pessoas.

March 21st, 4 p.m.

"YOU'RE GOING TO BE LATE," Papa calls from outside. The snow drifts down steadily, covering everything in a peaceful white blanket.

My heart skips a beat. I've told him three times that I don't want to go back today. Mama is still gone and Papa looks even worse than he did yesterday. He doesn't understand that I deserve to know what's going on. If they get a divorce, would they even tell me?

"I don't want to go back. I want to stay here. They can tell me if I made it or not over the phone."

I stand still, burying my fears of them splitting up. Maybe divorce would be best for them. Mama's drinking is clearly getting out of hand, but then I'd lose her, too. There's no way she'll get help without Papa pushing her.

21 de março, 16:00

– Você vai se atrasar – papai chama lá de fora. A neve cai sem parar, cobrindo tudo como um lençol branco pacífico.

Meu coração pula um pouco, eu já disse para ele três vezes que não quero voltar hoje. Mamãe ainda não voltou para casa e papai parece pior que ontem. Ele não entende que mereço saber o que está acontecendo. Se eles se divorciarem, eles iriam ao menos me dizer?

– Não quero voltar, quero ficar aqui, eles podem me dizer se passei ou não no teste pelo telefone.

Fico imóvel, enterrando o medo de que eles se separem. Talvez um divórcio seja a melhor coisa para eles. As bebidas de mamãe sem sombra de dúvidas estão ficando fora de controle, mas eu também a perderia. De forma alguma ela vai procurar por ajuda sem papai a pressionando.

"You're going. End of discussion." He pauses. "You need to be back at school. We'll be fine, Natoushka. Okay? Grab your suitcase and let's go."

I draw in slow, steady breaths. Getting mad at Papa won't solve anything. And he seemed so sad earlier at the kitchen table. "Fine, but I'm coming back next weekend," I reply.

"We'll see."

I walk carefully out the door and down the steps to the car, and then settle into my seat. Papa puts the car in reverse, and the tires slide on the wet ground.

"My flight might be cancelled, you know." I attach my seat belt and cross my arms over my chest.

Papa maneuvers the car out of the driveway and heads toward the interstate. The little roads are neither entirely plowed nor salted and I'm not sure how he can see anything with the snow as thick as it is. He turns the radio to NPR.

"Papa, why do you let yourself be bullied by her?" I ask after a few minutes. "You fight all the time, but it's getting worse."

"I don't want to talk about it, Natoushka," he replies.

– Você vai, fim de discussão – ele para. – Você precisa voltar à escola, vamos ficar bem, Natoushka, ok? Pegue sua mala e vamos.

Respiro devagar. Ficar brava com papai não vai resolver as coisas, e ele parecia tão triste na mesa do café.

– Tudo bem, mas volto no próximo final de semana – replico.

– Veremos.

Saio cuidadosamente pela porta, desço as escadas até o carro e sento no banco de passageiro. Papai dá ré e os pneus deslizam no chão molhado.

– Meu voo pode ser cancelado – afivelo meu sinto de segurança e cruzo meus braços sobre meu peito.

Papai manobra o carro para fora da rodovia e vai em direção à interestadual. As pequenas estradas ou não estão limpas direito ou não jogaram sal o suficiente, e não tenho certeza se consigo ver alguma coisa com a neve grossa do jeito que está. Ele liga o rádio na NPR.

– Papai, por que você se deixa ser intimidado por ela? – pergunto depois de alguns minutos. – Vocês brigam o tempo todo, mas está ficando cada vez pior.

– Não quero falar sobre isso, Natoushka – ele responde.

"But *I* want to. Why did Mama leave? Why were you yelling?" I press him, but he doesn't answer, his fingers playing an invisible piano on the wheel.

"Papoushka?" I try again, but still nothing.

"Fine." I pump up the radio volume and change it to a Top-40 station.

"I told you not to play with the radio while I'm driving." He switches the program back.

"And I want to know what's going on." I change the radio again.

He swats my hand and sighs, not taking his eyes off the road. "The important thing is you know I love you."

He sounds so serious, way too serious. "Don't get all sentimental on me now, Papoushka," I say, trying to lighten the mood.

He glances my way, staring at me for what seems like forever. His fingers are all fidgety. The car slides dangerously across the centerline of the road, but then he shakes his head, mutters something I don't understand, and rights the car, regaining control.

– Mas *eu* quero. Por que mamãe foi embora? Por que vocês estavam gritando? – pressiono, mas ele não responde, seus dedos tocando um piano invisível no volante.

– Papoushka – tento novamente, mas nada ainda.

– Tudo bem – aumento o volume do rádio e mudo a estação para Top-40.

– Já disse para não mexer no rádio quando eu estiver dirigindo – ele muda de volta para o programa.

– E eu quero saber o que está acontecendo – mudo de estação novamente.

Ele dá um tapa na minha mão e suspira, sem tirar os olhos da estrada.

– O mais importante é você saber que te amo.

Ele parece tão sério, muito sério.

– Não fique todo sentimental agora, papoushka – digo, tentando aliviar o clima.

Ele olha para o meu lado, me fitando pelo que parecia ser uma eternidade. Seus dedos estão todos agitados, o carro desliza perigosamente pela linha central da estrada, mas depois ele balança a cabeça, resmunga alguma coisa que não compreendo e endireita o carro, ganhando o controle novamente.

Loud honking distracts him, and lights slice through the snow, nearly blinding me in the early-evening darkness.

A semi-truck barrels toward us, honks again, and then pummels across the road.

I've never understood the expression "my life flashed before my eyes" until now. I have so many things I want to live for, so many things I still want to say, to Papa, to Mama, to Becca, and to the friends I have neglected. I have so many ballets to dance.

"Papa!" I yell.

"Hold on tight," Papa shouts, cranking the steering wheel. Our car slips across the road, tumbles to the side and into the grass.

It's moving so fast and we just keep going. It's like we'll never stop.

"Hold on!" Papa yells again.

And then there's nothing.

Uma buzina muito alta o distrai, e luzes cortam a neve, quase me cegando na escuridão do início de noite.

Um caminhão vem em nossa direção, buzina novamente e depois corre pela estrada.

Nunca entendi a expressão "minha vida passou como um *flash* diante dos meus olhos" até agora. Tenho muitas coisas para as quais quero viver, muitas coisas que ainda quero dizer para papai, mamãe, para Becca e para os amigos que tenho negligenciado. Tenho muitos balés para dançar.

– Papai! – grito.

– Segure firme – papai grita, acionando o volante. Nosso carro derrapa pela estrada, cai para o lado e vai para a grama.

Está se movendo tão rápido, e a gente continua indo, como se nunca fôssemos parar.

– Segure – papai grita de novo.

E depois não há mais nada.

March 18th, 8 p.m.

DESPITE WHAT I TOLD Uncle Yuri, I take the long way back to school through Central Park. I pull out my iPod and can't help the smile that blooms when one of my favorite of Chopin's waltzes comes on. Waltz in C-sharp minor starts somewhat slow, but then the pace picks up. I do a *pas chassé* and a quick pirouette, bowing to an invisible audience. The snow falls harder and everything looks magical, full of possibilities.

My shoulders feel light, and even though I'm still a bit worried about the results of my audition, dinner with Uncle Yuri relaxed me, and now I know in my heart and in my bones that I nailed it.

18 de março, 20:00

Apesar do que disse ao tio Yuri, tomo o caminho mais longo para a escola pelo Central Park. Ligo meu iPod e não consigo evitar o sorriso que floresce nos meus lábios quando uma das minhas valsas favoritas de Chopin começa tocar. A valsa começa de alguma forma baixa, mas depois o ritmo pega. Faço um *pas chassé* e uma pirueta rápida, reverenciando um público invisível. A neve cai mais forte e tudo parece mágico, cheio de possibilidades.

Meus ombros parecem leves e, embora esteja um pouco preocupada com os resultados da minha audição, o jantar com tio Yuri me relaxou, e agora eu sei no meu coração e na minha alma que eu fui muito bem.

An imaginary conversation with the Juilliard recruitment committee plays out in my mind.

"Miss Pushkaya, this is unusual, but we'd like you to star as the principle ballerina for the showcases, and you have free reign over the choreography," the director of Juilliard tells me.

"I'd love to," I reply.

I skip across the snow-covered grass, laughing. Maybe I'm worried for nothing. Mama will pick me at the airport with Papa, and her eyes will glint with happiness while Papa stands tall, both of them shining with pride.

Maybe they won't fight this weekend. Maybe Mama won't drink. Maybe we'll celebrate as a family.

Together.

I hurry the rest of the way home, looking forward to seeing Emilia, to catching up with Becca, and to packing my suitcase. When I enter our room, though, Emilia's nowhere to be seen. She left a note on my desk, between the clutter of my papers and her neat bookshelf:

Gone to rehearse.

Uma conversa imaginária com o comitê de recrutamento de Juilliard se forma na minha cabeça.

"Senhorita Pushkaya, isso é fora do normal, mas gostaríamos que você estrelasse como a bailarina principal para nosso show, e você tem total liberdade sobre a coreografia – o diretor me diz.

– Adoraria – respondo."

Pulo sobre a grama coberta de gelo, rindo. Talvez eu esteja preocupada por nada. Mamãe vai me pegar no aeroporto com papai e seus olhos vão brilhar de felicidade enquanto papai está de pé, ambos brilhando de orgulho.

Talvez eles não vão brigar esse final de semana. Talvez mamãe não vai beber. Talvez vamos celebrar como uma família.

Juntos.

Corro o resto do caminho para casa, ansiosa para ver Emília, conversar com Becca e fazer as minhas malas. Mas quando entro no meu quarto, Emília não está em lugar algum. Ela me deixou um bilhete entre meus papeis bagunçados e sua estante de livros impecável:

Fui ensaiar.

I frown. Even *I* took the evening off. Most students are out celebrating. Why is she rehearsing now?

I stride out of the room and make my way to the studio. Music blasts through the speakers. I open the door and poke my head inside.

"Emilia?" I call softly, not wanting to scare her. If she's practicing her jumps, she doesn't need me to frighten her.

But I don't need to worry.

"I don't want to hear it!" Emilia shouts at Nick. "You were right. You and I . . . we'll never work!"

"This is bs and you know it. I was wrong." He pauses. "I can't stop thinking about you." Her mouth gapes open. "I want to kiss you. Tell me you don't want me to and I won't." He pauses. They stare at each other for a few seconds. Emilia rises on her toes, and Nick cups her face with one hand while the other snakes around her waist.

He watches her, giving her enough time to move away or say something. When she doesn't, he leans his face toward her.

Franzo a sobrancelha. Até *eu* tirei a tarde de folga, a maioria dos estudantes estão comemorando, por que ela está ensaiando agora?

Saio a passos largos e vou até o estúdio. Música estronda pelos alto-falantes, abro a porta e coloco minha cabeça pra dentro.

– Emília? – chamo suavemente, não querendo assustá-la. Se ela estiver praticando seus saltos, ela não precisa que eu a assuste.

Mas não preciso me preocupar.

– Não quero ouvir isso – Emilia grita com Nick. – Você estava certo. Você e eu... nunca vamos dar certo!

– Isso é besteira e você sabe. Eu estava errado – ele pausa. – Não consigo parar de pensar em você – ela fica boquiaberta. – Quero te beijar, me diz que você não me quer e eu não te beijo – ele diz. Eles se entreolham por alguns segundos. Emilia fica de pé nas pontas dos dedos, e Nick alcança seu rosto com uma mão enquanto a outra a pega pela cintura.

Ele a observa, dando a ela tempo suficiente para se afastar ou dizer alguma coisa. Quando ela não faz nenhum dos dois, ele abaixa sua cabeça de encontro à dela.

"You're driving me crazy," he tells her. She's about to say something back, but their lips meet and it's like watching a new dance unfolding in front of me. They get lost in one another.

I can't help but stare.

I've never been kissed. Not even once. Not even a little peck or while playing spin the bottle—okay, fine, I've never played spin the bottle. But still.

They pull apart. Emilia's eyes widen, but then she tugs him back to her. She whispers something I can't hear. Something I probably shouldn't hear.

I slowly close the door behind me, wishing Emilia trusted me enough to tell me about what's going on, missing the easy conversations Becca and I always had during our summers together.

Back in our dorm room, I pick up my phone and dial Becca's number but it goes straight to voice mail.

"Hi, Becca. Sorry I've been MIA. Call me back."

– Você está me deixando louco – ele diz. Emília está prestes a dizer alguma coisa, mas seus lábios se encontram e é como assistir a uma nova dança se desenvolvendo na minha frente. Eles se perdem um no outro.

Não consigo fazer outra coisa a não ser olhar.

Nunca fui beijada, nenhuma vez. Nem mesmo uma beijoca ou no jogo de girar a garrafa. Tudo bem, nunca joguei o jogo de girar a garrafa, mas mesmo assim.

Eles terminam o beijo. Os olhos de Emília se arregalam, mas depois ela o puxa novamente para si. Ela sussurra algo em seu ouvido, mas não consigo ouvir. Algo que eu provavelmente não deveria ouvir.

Fecho a porta devagar, desejando que Emília confiasse o suficiente em mim para me contar sobre o que está acontecendo. Sinto saudades das conversas fáceis que Becca e eu sempre temos durante nossos verões juntas.

De volta ao dormitório, pego meu telefone e ligo para Becca, mas cai direto na caixa postal.

– Oi Becca, desculpe que andei sumida, me ligue.

I slowly pack my bag, making sure I bring Fuzzy with me. He takes up a quarter of the space, but I can't leave him behind even for a night. I still have leggings and several leotards at my parents' house, but I add one more dance outfit just in case.

Emilia enters the room, her cheeks red and her hair more out of control than usual. Tears shine at the corner of her eyes.

"Are you okay?" I ask, unsure if I should bring up what I saw in the rehearsal room or not.

If it had been Becca, I'd ask her, but Emilia and I have never opened up much about private stuff. "Totally fine." She shrugs. "Tired, that's all. What time are you leaving tomorrow?"

"Super early. I have a morning flight."

"I have to get up to spend some time with my nonna. Do you mind if I turn in early?" She yawns as if to prove her point.

"Of course not. I'll just keep the little desk light on if that's cool."

Faço minha mala devagar, certificando-me de que estou levando Fuzzy comigo. Ele toma quase todo o espaço, mas não posso deixá-lo para trás nem por uma noite. Ainda tenho *leggings* e muitos outros *collants* na casa dos meus pais, mas sempre gosto de acrescentar mais roupas no caso de precisar.

Emília entra no quarto, suas bochechas ruborizadas e seu cabelo mais fora do controle que o normal. Lágrimas brilham em seus olhos.

– Você está bem? – pergunto, não sabendo se deveria mencionar o que vi na sala de ensaio ou não.

Se tivesse sido Becca, eu perguntaria, mas Emília e eu nunca nos abrimos muito uma com a outra sobre assuntos particulares.

– Tudo muito bem – ela encolhe os ombros. – Estou cansada, é só isso. Que horas você sai amanhã?

– Super cedo, meu voo é de manhã.

– Tenho que levantar e passar um tempinho com a minha nonna. Você se importa se eu dormir mais cedo? – ela boceja como se quisesse provar seu ponto.

– Claro que não. Só vou deixar a luz da mesinha acesa, se não for problema.

She picks up her shower bag, her bright-blue towel, and her pj's. "You know, sometimes I wonder if I'm cut out for all of this." She sighs. "I'm happier in the restaurant with my nonna than I am here. But I'm good, right?"

"You're amazing," I reply, tugging on my necklace. I look directly at her. "But dancing should make you happy."

"I don't know what makes me happy." She lets out a short laugh and blows a strand of hair away from her face. "Listen to me, having a pity party. I'll be back." She heads off, and I stare at her retreating back, not understanding her.

Dancing's the *only* thing that makes me happy.

Ela pega sua bolsa de banho, sua toalha azul e pijamas.

– Sabe, às vezes me pergunto se eu faço parte disso tudo – suspira. – Sou mais feliz no restaurante com minha nonna do que aqui. Mas eu sou boa, não sou?

– Você é maravilhosa – reafirmo, segurando meu colar. Olho diretamente para ela. – Mas dançar deveria te fazer feliz.

– Não sei o que me faz feliz – ela solta uma pequena gargalhada e sopra uma mecha de cabelo do seu rosto. – Olha só para mim, tendo pena de mim mesma. Já volto – ela sai e eu a observo, sem entendê-la.

Dançar é a *única* coisa que me faz feliz.

March 22nd 6 p.m.

I STRUGGLE TO OPEN MY EYES AGAIN, but the whispers around me intensify, making it impossible to believe I'm having a nightmare.

"Someone has to tell her," Uncle Yuri says.

"She already knows," Mama replies. "It was written on her face. She already knows." Her voice cracks.

"Papoushka?" I whisper, and my uncle rushes to my side. I struggle to sit up, wincing at the pain. There's a hole where my heart used to be. I shouldn't be able to breathe. But I can. I am alive, but it doesn't feel like I can really be happy or thankful until I see Papa, until I know he's okay.

22 de março, 18:00

Luto para abrir meus olhos novamente, mas os cochichos em meu entorno se intensificam, fazendo com que seja impossível acreditar que estou tendo um pesadelo.

– Alguém tem que contar para ela – tio Yuri diz.

– Ela já sabe – mamãe replica – Estava escrito no rosto dela, ela já sabe – sua voz quebra.

– Papoushka? – suspiro, e meu tio corre para o meu lado. Luto para me sentar, encolhendo de dor. Tem um buraco aonde costumava ficar meu coração, eu não deveria respirar, mas eu consigo. Estou viva, mas não me sinto realmente feliz ou agradecida até ver papai, até me certificar de que ele está bem.

"Katya," Uncle Yuri calls. Mama tiptoes closer to me. I can see her blue eyes full of tears.

My chest constricts.

"Your papa . . ." Tears fall down her beautiful face. I want to tell her that it will be okay, that Papa would never leave us, that he's here somewhere, ready to hold her, ready to hold me. Uncle Yuri wraps an arm around her shoulder, but she shakes it off. "Your papa's gone, Natoushka."

"No. He can't be. He can't be gone," I whisper. And then sobs rack my body. The pain intensifies, but the sadness overwhelms everything.

– Katya – meu tio chama. Mamãe se aproxima de mim, consigo ver seus olhos azuis cheios de lágrimas.

Meu coração aperta.

– Seu papai... – Lágrimas escorrem sobre seu lindo rosto. Quero dizer para ela que tudo vai ficar bem, que papai nunca nos deixaria, que ele está aqui em algum lugar, pronto para segurá-la, pronto para me abraçar. Tio Yuri envolve um braço nos seus ombros, mas ela tira. – Seu papai se foi, Natoushka.

– Não, ele não pode, ele não pode ter ido embora – falo baixinho, depois um choro toma conta do meu corpo. A dor intensifica, mas a tristeza toma conta de tudo.

March 23th, 4 p.m.

Numb.

There's no other word to express how I feel right now. My tears stopped falling after two days, but the lump in my throat hasn't gone away. I stare into space, trying to tune out the noises surrounding me: the carts in the hallways full of hospital food, the people coming in and out of other patients' rooms, some of them hugging, some of them crying, some of them praying, some of them kissing as if they want to remind themselves they're alive.

Papoushka's not.

23 de março, 16:00

Entorpecida.

Não tem outra palavra que expresse como me sinto nesse momento. Minhas lágrimas pararam depois de dois dias, mas o nó na minha garganta não foi embora. Eu fico olhando para o espaço, tentando desligar o barulho em minha volta: os carrinhos no corredor cheios de comida de hospital, as pessoas entrando e saindo de quartos de pacientes, algumas delas se abraçando, outras chorando, algumas orando enquanto outras se beijam como se quisessem se lembrar que estão vivas.

Papoushka não está.

I'll never see him again and just thinking about him makes it hard to breathe. He'll never play the piano again with a smile on his face. Because I didn't convince him to let me stay behind. Because I didn't convince him to not drive me to the airport. Because, then in the car I had to pry, I had to keep on bugging him, distracting him, challenging him.

I've forgotten some pieces of the accident. I can't remember exactly what Papa said before we swerved. The doctor assured me that it's normal.

But when I asked about my leg, he told me it was going to take months to heal. That even after it heals it might still be too fragile to go back to dancing professionally. He doesn't know me. If there's even a tiny chance, I'll take it. I'll work my ass off to make sure that I grab it.

I turn my head to Uncle Yuri slowly. It's still painful to do that. "Did the school call?"

He nods, but doesn't meet my eyes.

"What did they say?" I ask.

Nunca mais o verei novamente, e só de pensar nele é difícil respirar. Ele nunca mais vai tocar piano com um sorriso no rosto. Tudo porque não consegui convencê-lo a me deixar ficar, a não me levar para o aeroporto. Porque depois, no carro, tive que dar uma de curiosa, tive que ficar infernizando-o, distraindo-o, desafiando-o.

Consegui juntar algumas peças do acidente. Não lembro exatamente o que papai disse antes de desviar, o médico me reafirmou que isso é normal acontecer.

Mas quando perguntei sobre minha perna, ele disse que levaria meses para sarar, e que mesmo depois disso, pode ser que ainda esteja muito frágil para voltar a dançar profissionalmente. Ele não me conhece. Se existe uma chance remota, é tudo que preciso. Vou trabalhar duro para me certificar que isso aconteça.

Me viro lentamente para meu tio. Ainda é dolorido fazer isso.

– A escola ligou?

Ele acena com a cabeça, mas não me olha nos olhos.

– O que disseram? – pergunto.

Still nothing from Uncle Yuri.

"Someone has to tell me, and Mama isn't here. Please.

"They said you got the role. You were right. The director said he's holding a spot for you when— if you can come back."

I had it," I whisper. "I really had it." My throat burns, and I close my eyes, remembering how it felt to be onstage, the way my body morphed into a story, the way my heart belonged to dancing. When I open my eyes again, I turn to Uncle Yuri and, without a word, his hand finds mine and he squeezes.

Mama swings into the room, her blond hair falling on her shoulders. She's wearing jeans, her snow boots, and one of Papa's sweaters. She's carrying a bouquet of lilies with her—my favorite flowers, the ones Papoushka always gave me after a recital or on my birthday. She freezes in front of my bed and fumbles in her bag. I know what she's looking for, but instead of pulling out her flask and taking a swig, she wraps her arms around herself.

"Thanks for the flowers, Mama," I say. She nods, not looking my way. For a split second, I think today's the day she'll take me in her arms and hold me, a day we can both mourn my father. I stare at her and try to squish the small part of me that wants to yell at her for getting Papoushka so worked up, for making him so sad all weekend.

Ele ainda não fala anda.

– Alguém tem que me dizer, e mamãe não está aqui. Por favor.

– Eles disseram que você conseguiu o papel. Você estava certa, o diretor disse que está segurando um lugar para você quando... se você puder voltar.

– Eu consegui – sussurro. – Eu consegui de verdade. – Minha garganta queima e fecho meus olhos, relembrando como era estar no palco, a forma como meu corpo se transformava numa história, como meu coração pertence à dança. Viro-me para o tio Yuri e, sem uma palavra, sua mão encontra a minha e ele a aperta.

Mamãe volta para o quarto, seus cabelos loiros caindo sobre seus ombros. Ela está usando jeans, botas de neve e um suéter de papai, e está carregando um buquê de lírios, minha flor favorita, as que papouhska sempre me dava após um recital ou no meu aniversário. Ela paralisa em frente à minha cama e apalpa dentro de sua bolsa. Eu sei o que está procurando, mas em vez de tirar seu cantil e dar um gole, ela envolta seus braços em si.

– Obrigada pelas flores, mamãe – digo. Ela acena, sem mudar o olhar de direção. Por um segundo penso que hoje será o dia em que ela me tomará nos braços e me abraçará, o dia em que vamos lamentar a morte de papai. Olho para ela e tento esmagar uma pequena parte de mim que quer gritar com ela por ter deixado papoushka tão agitado, por tê-lo deixado triste o final de semana inteiro.

"That's what your papa would have wanted." She struggles to speak. "Your father loved you so much," she whispers. "You know that."

Uncle Yuri squeezes my hand one more time. "He would have done everything for her," he says. "I told Nata about the auditions. She needed to know she came in first. She needs to know she always comes first."

Mama turns away from us. "I have to go," she mutters. "I have to see the doctor."

"I'll come with you," he says, then kisses my forehead. "I'll be back." He sighs. "You look so much like him. You smile the same way." His shoulders sag, and there's so much in his eyes, as if looking at me is too much, too hard, too big of a reminder of the family he lost.

• • • •

– É O QUE SEU PAPAI iria querer – ela luta para falar. – Seu pai te amava tanto – sussurra. – Você sabe disso.

Tio Yuri aperta minha mão mais uma vez.

– Ele teria feito qualquer coisa por ela – diz. – Contei à Nata sobre as audições. Ela precisava saber que ficou em primeiro, ela precisa saber que ela sempre está em primeiro.

Mamãe vira as costas para nós.

– Preciso ir – resmunga. – Preciso ver o médico.

– Vou com você – ele diz, depois beija minha testa. – Já volto – sussurra. – Você se parece tanto com ele. Você sorri da mesma forma – seus ombros cedem e tem tanto nos seus olhos, como se olhar para mim fosse muito, muito difícil, uma lembrança muito grande da família que ele perdeu.

. . . .

WHEN MAMA COMES BACK into the room, she's alone.

"Where's Uncle Yuri?"

"A client called. He has to head back to New York," she explains, fidgeting. "I have to go, too, but I'll see you tomorrow, okay?"

"I'll be here," I say. "Can you hand me my iPod?" She grabs it from the nightstand and places it in my open palm.

She stares at me for a second, and without a kiss or so much as a "good night," she leaves me there. She didn't even tell me what the doctor said.

I turn my iPod to The Chopin Collection and close my eyes, imagining Papoushka is the one playing for me.

Quando mamãe volta para o quarto, está sozinha.

– Onde está o tio Yuri?

– Um cliente ligou, ele teve que voltar para Nova Iorque – explica, agitada. – Também preciso ir, mas te vejo amanhã, tudo bem?

– Não vou sair daqui – digo. – Você pode pegar meu iPod? – Ela o pega de uma mesinha e o coloca na palma da minha mão.

Ela fica me olhando por um segundo e, sem um beijo ou um "boa noite", ela me deixa lá. Ela nem ao menos me disse o que o médicou falou.

Ligo meu iPod, coloco *The Chopin Collection* e fecho meus olhos, imaginando que é papoushka quem está tocando para mim.

August 22nd, 5 p.m.

ALMOST ALL THE MOVING boxes are still in the hallway, but Mama's already upstairs. She said she needed to "rest," but when I went to check on her she was walking from her bedroom to the bathroom with a bottle of vodka in her hand. She's probably passed out on the cold tiles now.

Babushka's house is familiar and foreign all at once. I've spent so many happy summers here, running down the hallways, asking my grandmother to tell me stories about her life back in Russia, creating stories with the several sets of wooden *matryoshka* dolls Babushka kept on her shelves. But without her, without Papa, the house mocks my happy memories, as if it knows I won't be making any new ones anytime soon.

22 de agosto, 17:00

Quase todas as caixas de mudanças estão corredor, mas mamãe já subiu. Ela disse que precisava "descansar", mas, quando fui dar uma olhada nela, ela estava saindo do seu quarto para o banheiro com uma garrafa de vodka na mão. Provavelmente a essa hora já está desmaiada no chão.

A casa de *babouska* é familiar e estranha ao mesmo tempo. Passei tantos verões felizes aqui, correndo pelos corredores, pedindo para minha avó me contar histórias sobre sua vida na Rússia, criando histórias com muitos conjuntos de bonecas de madeira *matryoshka*, que *baboushka* mantinha nas prateleiras. Mas sem ela, sem papai, a casa tira sarro das minhas memórias felizes, como se soubesse que eu não faria nenhuma lembrança feliz tão cedo.

My knee brace makes it difficult to carry boxes up the stairs to my room, but I want to do something. I can't stand still or watch TV knowing Mama's upstairs finding yet another bottle in which to forget about me. If Uncle Yuri were here, he could help, but I haven't seen him since he left my room with Mama to go talk to the doctor. I haven't heard from him, either. He didn't even come to the funeral.

The doorbell rings.

Probably another neighbor bringing us a pie or a casserole. Everyone's been so welcoming. I quickly check in the mirror that the scar on my cheek—another memory of the car crash—is well hidden by my make-up and open the door.

I can't help but smile when I see Becca standing in front of me. Her wild hair frames her face, and she runs her hand through it once, twice, three times, trying to tame it unsuccessfully.

Her light-brown eyes roam my face as if she's trying to figure me out. She's called a few times, and we talked for a bit, but I haven't opened up. I haven't cried. I haven't told her how much everything hurts, how it's killing me on the inside to see Mama waste away, how much I miss my father, how I wish I could turn back time, and how I have no idea who I am anymore.

Minha joelheira dificulta que eu carregue as caixas para o meu quarto, mas quero fazer alguma coisa. Não posso ficar parada ou assistir TV sabendo que mamãe está lá em cima procurando outra garrafa para me esquecer. Se meu tio estivesse aqui, ele poderia me ajudar, mas não o vejo desde o dia em que deixou meu quarto com minha mãe para ver o médico. Também não ouvi nada sobre ele, ele nem foi ao funeral do meu pai.

A campainha toca.

Deve ser outro vizinho trazendo uma torta ou cassarola. Todos têm sido tão acolhedores. Olho rapidamente no espelho a cicatriz na minha bochecha, outra memória do acidente. Está bem escondida com maquiagem, e eu abro a porta.

Não consigo fazer outra coisa a não ser sorrir quando vejo Becca na minha frente. Seus cabelos selvagens emolduram seu rosto e ela passa as mãos sobre eles umas três vezes, numa tentativa sem sucesso de domá-los.

Seus olhos castanhos claros me olham como se estivessem tentando me desvendar. Ela me ligou algumas vezes e conversamos um pouco, mas eu não me abri. Não chorei. Não disse a ela como tudo dói, como está me matando por dentro ver mamãe se desgastar, o quanto sinto saudades do meu pai, como eu queria voltar no tempo e como eu não faço mais ideia de quem eu seja.

Becca tilts her head. "Am I going to stay on the porch?" She nudges me and smiles, and then pats my arm, knowing how I am about hugging.

"Mama's sleeping," I tell her.

Becca raises an eyebrow. "I came to see you, not your mom." I step to the side, opening the door wider to let her in. I can't be completely rude to my best friend. "And when did you hair turn black?"

"Yesterday. I kind of experimented," I tell her.

"Experimented how? It looks awesome!" she replies.

I can't tell her I grabbed a pair of scissors and chopped it off.

Mama was somewhere drinking or dozing, and when I looked into the mirror, I saw a reflection of her looking at me: the same hair, the same sad look, the same frown. Luckily, my babushka's hairdresser helped me out after the fact and made it look like a cut instead of a crazy moment.

Becca inclica a cabeça.

– E eu vou ficar aqui na varanda? – ela me cutuca e sorri, e depois dá um tapinha no meu braço, sabendo que não sou uma pessoa de abraços.

– Mamãe está dormindo – digo.

Becca levanta uma sobrancelha.

– Eu vim ver você, e não a sua mãe.

Dou um passo para o lado e abro mais a porta para que ela entre. Não posso ser completamente rude com a minha amiga.

– E quando foi que seu cabelo ficou preto?

– Ontem, eu meio que fiz um experimento – digo a ela.

– Experimento como? Parece muito bom! – ela responde.

Não posso dizer a ela que peguei uma tesoura e cortei tudo. Mamãe estava bebendo em algum lugar ou cochilando, e quando olhei no espelho, eu vi um reflexo dela me olhando: o mesmo cabelo, o mesmo olhar triste, o mesmo olhar severo. Por sorte, a cabeleireira da minha *baboushka* me ajudou depois do fato e fez com que isso parecesse mais como um corte que como um momento de loucura.

Becca shifts her feet. "Do you need help moving in? I can bring some boxes upstairs. You're staying in your old room, right?"

My stomach tightens. Dramatic scenarios go through my mind, like us going upstairs and Mama throwing a fit, smashing things on the floor like she sometimes does, or she actually leaves her room, totally wasted. No one can know about her, about her crappy coping mechanisms. I need to protect her, even if I barely can remember the last time we actually had a conversation that didn't end up in her crying or yelling or just staring right through me.

My babushka passed away almost a year ago, my papa died, my uncle vanished from our lives without as much as a good-bye.

She's the only family I have left.

"Earth to Nata." Becca bumps her hip against mine.

"Most of my boxes are already upstairs. Do you want a Coke or a hot chocolate?" My smile feels more natural as I remember trips to our favorite coffee shop, Coffee & Mugs. They serve the yummiest hot chocolate, and despite the heat, we'd go there at least once every summer.

Becca alternou de perna.

– Você precisa de ajuda com a mudança? Posso levar algumas caixas para cima. Você vai ficar no seu velho quarto, certo?

Meu estômago aperta. Uma cena dramática passa pela minha cabeça, como a gente subindo as escadas e mamãe ficando com raiva, quebrando coisas no chão como faz de vez em quando, ou quando sai do seu quarto, totalmente bêbada. Ninguém pode saber sobre ela, sobre seu mecanismo podre de lidar com as coisas. Preciso protegê-la, mesmo que eu mal me lembre da última vez que realmente tivemos uma conversa que não terminasse com ela chorando, ou gritando ou apenas me fitando.

Minha *baboushka* se foi há quase um ano, meu papai morreu, meu tio desapareceu das nossas vidas sem dizer nenhum adeus.

Ela é a única família que tenho.

– Terra chamando Nata – Becca esbarra seu quadril com o meu.

– A maioria das caixas já está lá em cima. Você quer um refrigerante ou chocolate quente? – Meu sorriso parece mais natural quando me lembro das nossas idas à nossa cafeteria preferida, *Coffee & Mugs*. Eles servem o chocolate mais gostoso de todos e, apesar do calor, vamos lá pelo menos uma vez em cada verão.

"Coke sounds good."

We sit at the kitchen table, which is full of paperwork—insurance, deeds, lawyer bills.

"Do you want to talk about it?" Becca asks, and I know she won't push me if I say no.

I shake my head. "I can't believe I'm starting school in a few days."

"You should totally come out with us later tonight. We're having one last bonfire by the lake." She winks. "Plus, there's this guy you need to meet."

I search my brain for the one she's talked about every summer. She's had a crush on this one guy forever. "James?"

She blushes and swats her hand in front of her face. "No. I mean, James might be there. He's back from summer camp, but he's not feeling that great, so he might not come." She pauses. "You need to meet one of my friends. I think you guys would totally hit it off."

"Why?" I can't help but ask.

"He's totally your type."

"I don't have a type."

– Refrigerante parece uma boa ideia.

Sentamos à mesa da cozinha, que está tomada por papeis, seguro, documentos, contas de advogados.

– Você quer falar sobre isso? – Becca pergunta, e sei que ela não vai me pressionar se eu disser não.

Balanço minha cabeça.

– Não acredito que vou começar as aulas em alguns dias.

– Você deveria sair com a gente hoje à noite, vamos fazer uma fogueira perto do lago – ela pisca. – E mais, tem esse cara que você precisa conhecer.

Procuro nas minhas memórias por um que ela fala todo verão. Ela tem uma queda por esse cara desde sempre.

– James?

Ela fica toda vermelha e leva as mãos sobre o rosto.

– Não, quero dizer, James deve estar lá, ele está de volta do acampamento, mas ele não está muito bem, então pode ser que ele não vá – ela pausa. – Você precisa conhecer um dos meus amigos, acho que vocês com certeza combinam.

– Por quê? – não consigo segurar a pergunta.

– Ele é totalmente o seu tipo.

– Eu não tenho um tipo.

"Everybody has a type. Plus, he's James's best friend, and if James and I finally end up going out at some point in my life, then we could double." She smiles and runs her hand through her hair again. "Even if you two don't hit it off, come out with us tonight. You'll meet everyone before school starts. It'll be fun."

For a moment, I consider it. I haven't been to a bonfire in ages. I haven't been around *people* in ages.

I also haven't left Mama alone in ages. I can't start now, not when she's drinking her weight in vodka.

"I'm sorry. I can't. Mom needs me to help unpack." And she also needs me to pretend she doesn't have a problem. Good luck to me.

"Are you sure?"

There's a loud crash from upstairs, and my pulse accelerates. If Mama comes down drunk, what am I going to tell Becca?

"Totally. But thanks for stopping by." I stand up.

– Todo mundo tem um tipo, e outra, ele é o melhor amigo do James, e se James e eu terminarmos saindo em algum momento na minha vida, então poderíamos sair todos juntos – ela sorri e passa a mão sobre os cabelos novamente. – Mesmo que vocês não se deem bem, venha com a gente hoje à noite, você vai conhecer todo mundo antes das aulas começarem. Vai ser divertido.

Por um momento, eu considero. Não vou a um luau há anos, não tenho estado com outras *pessoas* há anos.

Também não tenho deixado mamãe sozinha há bastante tempo. Não posso começar agora, não enquanto ela estiver se acabando na vodka.

– Sinto muito, mas não posso. Minha mãe precisa de ajuda para desempacotar – e ela também precisa que eu finja que ela não tem problema algum. Boa sorte para mim.

– Tem certeza?

Ouço um barulho bem alto de algo quebrando lá em cima, e meu pulso acelera. Se mamãe descer bêbada, o que vou dizer a Becca?

– Totalmente, mas obrigada pela visita – levanto.

"Oh, okay. Sure, I'll get going." Becca watches me carefully. I strive to keep my blank mask on. "I'll call you," she says. "Or you can call me, too."

"Okay." I hear another thump upstairs, and my palms start to sweat. "I have to go." I stand up and gesture for Becca to follow me. "But thanks again for coming."

I close the door on a bewildered Becca and then hurry upstairs, pushing the bathroom's door but Mama isn't there anymore.

"Mama," I call. No answer. I step into her bedroom. She's sprawled on the floor surrounded by shattered picture frames that she must have been smashing against the wall or something. There are only a few left that have escaped her outburst unscathed.

"Come on, Mama. You need to rest." I carefully take one of the frames out of her hand. She doesn't resist but turns her pale eyes to me.

"We killed him," she whispers. I half carry her to bed, wincing at the pain radiating through my knee as I put too much weight on it. I pull the covers over her. "We killed him," she says again before closing her eyes. She starts snoring softly.

– Oh, tudo bem, já vou indo – Becca me observa com cuidado. Faço esforço para manter minha expressão neutra. – Eu te ligo – diz. – Ou se você quiser me ligar, não tem problema.

– Tudo bem – ouço outro barulho e minhas palmas começam a suar. – Preciso ir. – Levanto-me e faço um gesto para que Becca me siga. – Mas muito obrigada por ter vindo.

Fecho a porta na cara de uma Becca confusa e depois corro para cima, empurrando a porta do banheiro, mas mamãe não está mais lá.

– Mamãe – chamo, mas ela não responde. Ela está jogada no chão com porta-retratos quebrados que ela deve ter jogado contra a parede ou algo do tipo. Somente alguns escaparam desse destino.

– Vamos mamãe, a senhora precisa descansar – cuidadosamente retiro um dos porta-retratos de suas mãos, ela não resiste em virar seus olhos pálidos para mim.

– Nós o matamos – sussurra. Eu meio que a carrego para cama, encolhendo pela dor que radia no meu joelho por causa do peso que joguei sobre ele. – Nós o matamos – repete antes de fechar os olhos. Ela começa a roncar suavemente.

I brush a few long blond strands of hair away from her face. "No, you didn't. I was in the car. Not you, Mama."

I'm not sure she can hear me, and I know I don't get through to her, but I still need to try.

I readjust the pillow under her head, and when her snoring grows louder, I tiptoe out of her room and enter mine.

I fall on my bed and rub my temples. A headache is coming. And tears would come, too, if I let them. But right now, I can't.

I replay my conversation with Becca. There's no way in hell I'm going to start dating now. I've seen what falling in love does to people. It destroys them and their dreams. If Mama and Papa hadn't loved each other to the point of hating each other, maybe he'd still be alive.

I won't let myself fall into that trap.

But I *will* dance again.

Removo alguns longos fios de cabelos do seu rosto.

– Não, a senhora não o matou. Eu estava no carro, não você, mamãe.

Não tenho certeza se ela consegue me ouvir e eu sei que não consigo alcançá-la, mas mesmo assim preciso tentar.

Ajusto o travesseiro debaixo de sua cabeça e, quando seu ronco fica mais alto, saio de fininho do seu quarto e entro no meu.

Eu me jogo na cama e massageio minha nuca. Uma dor de cabeça está à espreita. As lágrimas também, se eu permitir. Mas nesse momento, não posso.

Penso novamente na minha conversa com Becca. De forma alguma vou começar a sair com rapazes agora. Já vi o que se apaixonar faz com as pessoas, destrói a elas e aos seus sonhos. Se mamãe e papai não tivessem amado um ao outro ao ponto de se odiarem, talvez ele ainda estivesse vivo.

Não vou me deixar cair nessa armadilha.

Mas eu *vou* dançar novamente.

Thank you!

Thank you so much for reading ONE DREAM ONLY.

Do you want to know what happens to Nata? ONE TWO THREE is already available in English. If you'd like to know when the Portuguese version or the English/Portuguse version comes out, don't hesitate to sign up for my newsletter.[1]

And if you'd like to hang out with me, find out about new books before anyone else...don't hesitate to like my Facebook page[2] or join my Facebook Group: Elodie's Cozy Nook[3] or find me on Instagram[4], TikTok[5], or www.elodienowodazkij.com[6]

Oh and if you'd like to leave a review for this book, I would be forever grateful...

---

1. https://mailchi.mp/elodienowodazkij/website

2. http://www.facebook.com/enowodazkij

3. https://www.facebook.com/groups/954159761294820

4. http://www.instagram.com/enowodazkij

5. http://www.tiktok.com/@enowodazkij

6. http://www.elodienowodazkij.com

Obrigada!

Muito obrigada por ler UM SONHO APENAS!

Quer saber o que acontece com Nata? UM DOIS TRÊS já está disponível em inglês. Se quiser saber quando as versões em português ou inglês/português serão lançadas, não perca tempo e assine a minha newsletter.[1]

E se quiser passar um tempinho comigo e saber sobre novos lançamentos com antecedência, curta a minha página no Facebook[2] ou Elodie's Nowodazkij Nook[3] ou Instagram[4], TikTok,[5] www.elodienowodazkij.com[6]

Ah, e se quiser deixar uma resenha para esse livro, serei eternamente grata...

---

1. https://mailchi.mp/elodienowodazkij/website

2. http://www.facebook.com/enowodazkij

3. https://www.facebook.com/groups/954159761294820

4. http://www.instagram.com/enowodazkij

5. http://www.tiktok.com/@enowodazkij

6. http://www.elodienowodazkij.com

About the Author

Elodie Nowodazkij writes about second chances and first times. She was raised in a tiny village in France and moved to the US at nineteen, where she learned she'd never lose her French accent. She now lives in Maryland with her husband, their cat and their dog. (who don't seem to realize they're not human).

Sign up for her newsletter to get info on upcoming books, plus giveaways and other exclusives: https://mailchi.mp/elodienowodazkij/website

And come hang out in her Facebook group: Elodie's Cozy Nook[1]

You can also send her an email: authorelodienowodazkij@gmail.com

Visit Elodie online at:

www.elodienowodazkij.com[2]

www.facebook.com/enowodazkij[3]

www.instagram.com/enowodazkij[4]

twitter.com/ENowodazkij[5]

---

1. https://www.facebook.com/groups/954159761294820/

2. http://www.elodienowodazkij.com

3. http://www.facebook.com/enowodazkij

4. http://www.instagram.com/enowodazkij

5. https://twitter.com/ENowodazkij

Sobre a autora

Elodie Nowodazkij é uma escritora de segundas chances e primeiras vezes. Ela foi criada num pequeno vilarejo na França e mudou para os EUA aos dezenove anos de idade, onde percebeu que nunca perderia seu sotaque francês. Hoje, ela vive em Maryland com seu marido, o gato e o cachorro (que parecem não perceber que não são humanos).

Assine sua newsletter para mais informações e próximos livros, sorteios e outras exclusividades em: https://mailchi.mp/elodienowodazkij/website

Também aproveite e participe do grupo do Facebook: Elodie's Cozy Nook[1]

Você também pode mandar um email: authorelodienowodazkij@gmail.com

Visite o site da Elodie em:

www.elodienowodazkij.com[2]   www.facebook.com/enowodazkij[3]

www.instagram.com/enowodazkij[4]

twitter.com/ENowodazkij[5]

---

1. https://www.facebook.com/groups/954159761294820/

2. http://www.elodienowodazkij.com

3. http://www.facebook.com/enowodazkij

4. http://www.instagram.com/enowodazkij

5. https://twitter.com/ENowodazkij

About the translator

Hamíreths Costa is a reading lover and a book devourer. She loves especially historical books and has a passion for what most lovers of English literature have: Jane Austen and Charlotte Brontë.

She decided to translate so she could get to know the vast literary world of the English language. Today she lives in São Paulo and dreams of getting to know the world.

Sobre a tradutora

Hamíreths Costa é uma amante de leitura e um devoradora de livros. Adora principalmente livros de época e tem como paixão o que a maioria de amantes da literatura inglesa de época tem: Jane Austen e Charlotte Brontë.

Resolveu fazer tradução para assim conhecer esse vasto mundo literário da língua inglesa. Reside hoje em São Paulo e tem o sonho de conhecer o mundo.